日本女性の底力

白江亜古

講談社+α文庫
プラスアルファ

はじめに

清らかに生きようと決意した朝があり、自暴自棄になる夜がある。必要最小限のものだけで生きると自分に誓いながらも、また、新しいものに激しく心奪われる。

人はいくつになっても、心が落ち着かない。

「まだこれから!」と、「もういいか、やめにしよう」を行ったり来たりする。

かつて『Grazia』という女性誌があった。35歳からが女は本物!――の惹句を掲げたこの月刊誌は、きわめて上質で、ときには現実離れするほどに高級な衣食住と旅のスタイルを、美しいグラビア写真で紹介した。かと思うと、うしろのモノクロページでは社会問題や女性のライフスタイルについて、読み応えのある硬派な記事を掲載し、実はこれが読者に好評だったのだ。

70代、80代、90代の女性たちのインタビュー「ニッポン・ビューティ 21世紀への伝言」は、そのモノクロページの中にあった連載記事だ。2005年1月号から、2012年4月号まで、7年余り続いた人気企画。いくつになっても現役で自分の仕事（＝やるべきこと）に打ち込む女性に、ひと月にひとりずつインタビューをお願いしたので、88名が登場してくださったことになる。

世界的に活躍する人もいれば、家族のために尽くした主婦もいる。市井の民のために生きた人もいる。育った場所も環境も、持っている主義主張も、まるで異なる人たちだけれど、「彼女たち」には共通点があった。

A4変型（縦295㎜×横228㎜）の大判雑誌のほぼ1ページ大という、ポートレート写真を厭わなかったことだ。「写真をお願いします」と言うと、誰もがカメラに向かって立ち、こちら、つまり読者のほうをしっかりと見つめた。風に吹かれて歩いてきたままの髪の乱れ、灼熱の下の勤労で皮膚に深く刻まれた皺のままで、彼女たちは凛としてモノクロ写真に写ってみせた。

取り繕うべくものの何もない、ありのままの顔で、今いるところにしっかりと立っていられる魂と足腰の強さ――。と、こんなことを言ったら、「だって座り込むわけにはいかないじゃない？」と彼女たちに呆れられそうだけれど。

共通点はそれだけではない。日本が戦争へと向かう不穏な空気を感じ、悲惨な戦場となったこの国で生き抜いて、価値観が一夜にして逆転してしまった敗戦を経験している。その後の〝豊かさ〟へと一直線だった時代も。そうした世の中の移り変わりをつぶさに見てきたからだろう、インタビューで会うひとりひとりが「言葉」を持っていた。後世を生きる私たちへ、伝えたい・伝えよう、とする言葉を。彼女たちの心身から絞り出た「言葉」が、私たちへ惜しげもなく降り注がれた。

後進の私たちはどうだろう？　自分の中から湧いてくる「言葉」を持っているだろうか。今はまだ持っていないとしても、私たちは「言葉」を受けとることができる。彼女たちの「言葉」が届く世代として生まれている。それは本当に幸いなことなのだ。

2009年に単行本化された『ニッポン・ビューティ』は、数年分の雑誌掲載の記事から抜粋し、加筆修正したインタビュー集だった。この本を基に、7年余りの連載記事の中から新たに8人のインタビューを加えて、2016年に加筆修正をしたのが本書である。登場する方々の肩書きはインタビュー当時のもので、本文に出てくる経年もインタビュー時のままとしている（著書の刷数や著者のデータなどは、最新のものに更新）。

いつかは私も、彼女たちのように――。いや、今だってきっと充分に生きている。移り気なままでも、充分に私たちは生きている。そこへ、この本のあちらこちらに溢れる「言葉」の力をいただいて、今日も明日も明後日もしっかり生きていくしかないのだ。

女は、そして男もまた、いくつになっても、落ち着かない心を抱いたまま、大地の上に立つ。大切なものを守る力を糧に、私たちはちゃんと前を向いて歩いていける。

インタビューを受けてくださったたくさんの方々と、それを読んでくださる方々に感謝いたします。

２０１６年９月

白江亜古

目次

日本女性の底力

死ぬまで現役の職人でいるつもり

堀文子

日本画家

森の中のホテルで待ち合わせた。

「今日が締め切りの絵を、今まで描いていたんですよ。月2回の雑誌の連載を始めたものだから追われていて。忙しいのがいいなんて、ちっとも思わないんですけどね」

話す声も笑う顔も明るくて、ふわっとやわらかな空気を作る人だ。もう長年、堀文子さんは1年の半分を軽井沢の山中の小さな仕事場で、ひとりで絵を描いて暮らしている。

堀 文子さん　Fumiko Hori

1918年、東京都麴町区（現・千代田区）生まれ。'40年、女子美術専門学校（現・女子美術大学）師範科日本画部卒業。'39年、新美術人協会第２回展に初入選。以後、入選を重ね、'52年、第２回上村松園賞受賞。植物や、中東の女性像を描いたシリーズなど、繊細でありながら力強く、どこかロマンチックでもある筆致で日本画のイメージを覆すモダンな作風。作品集多数あり。個展もたびたび開かれている。筋の通った生き方に憧れる人が多く、女優の黒柳徹子氏らも熱烈なファンであることを公言する。

「ひとりでお寂しいでしょう、なんて言う方がおりますが。とんでもない。もう、毎日の変化が面白くて面白くて。強がっているわけではないんですよ。秋になると木の葉が紅くなるのはなぜだろうと、わたくしはそんなことを一生考えている人ですから。とにかく山の出来事に驚いている毎日ですから、時間がいくらあっても足りません。縄文人のようなわたくしから見ると、むしろ都会の人たちのほうが退屈しているように見えますね。都会にいますと、人間が作り上げた便利な世界がすべてだと思い、考えたり見つめることを忘れるのでしょう。五感で味わう驚きや感動がないので、停電とか、エレベーターが止まったぐらいで大騒ぎです。エレベーターが止まったら足で歩けばいいのに。足で歩けないほど高いものを建てるからいけないんです。空中で暮らすなんて危ないことです。それは地震のない国が考えたことですよ」

欲望を犠牲にしなければ、自由は手に入らない

東京の麹町に生まれて、5歳で関東大震災に遭った。そのとき堀さんは、買

ってもらった舶来の洋服を着てはしゃいでいたのを覚えている。帽子をかぶり、ハンドバッグを持ち、家の中で靴まではいて。グラグラッと来たとき、重心の低い子供はまっすぐ立っていられた。だが、母も姉も祖母も部屋の中から庭へ転がり出し、庭の池は噴水のように湧き上がって、跳ね出た鯉や金魚や人が地面の上を転げ回った。

「裸足の大人が転ぶのがおかしくて、靴をはいている自分が得意でした。でも、次々に起こるただ事ではない様子は、子供心にもわかりました。避難先で、家の近くまで火の手が迫ったと知ったとき――全身に電流が走り、『あるものは、なくなる』という天の声を確かに聞いたのです。大惨事の中で幼児が無常感を悟った、あの瞬間を忘れません」

将来は仕事を持って自立し、自分の人生を自分で設計して生きていこうという考えも、この体験から芽生えたのかもしれないと堀さんは話す。

「それに母が、そういう考えの人でした。ただ家庭に忍従するだけでは不満だったのでしょう。『結婚だけが女の生きる道ではない。自分の能力を生かして自立すればいい。そういう時代がきたんですよ』と、幼いわたくしにいつも言い聞かせていました。明治女の母は進歩的な武家のうちに生まれた新しい考えの持ち主で、与謝野晶子とか、平塚らいてうなどの影響を受け、近代思想に目覚めていたんです。だから夫に養われていながらも、自立することに憧れていたのですね」

しかし世の中のシステムが、近代の思想を取り入れるには時間がかかる。堀さんが育つ大正時代にも、男女差別は歴然とあった。

「女子医大とか女子美術専門学校とか、女が入れる学校には、〝女子〟がついて差別されていたんです。わたくしは科学者になりたかったのですが、女はハンディがありすぎる。それで、美というものには差別がないはずだと思って、美術学校へ進みました」

卒業後は、東大農学部作物学教室の農作物記録係となった。拡大鏡を使って精密画を描く、「科学者になりたかった」人にふさわしい仕事である。28歳で外交官と結婚。

「結婚は本当はしないはずでした。自分の志を遂げようとするには、家庭生活との両立は無理です。でも戦争で、兄と弟が死んでしまって。男は殺されるんです。無残です。わたくしはそれまで『差別されて、女はなんて惨めな地位にいるんだろう』と嘆いておりましたが、地位の低い女は殺されずに、男は国家の野心に使われて殺されるんですよ。そう思ったとき、死んだ人に申し訳なく、うしろめたさに突き上げられて。自分だけがこの先も、自由を追求して生きていいんだろうか、という思いに襲われた。それで、自分が避けていた道をあえて進もうと考えて、ちょうど相手が現れたものですから結婚したんです。なにも死ぬわけではないのですから」

死よりもいいだろう、とまで口にする。結婚の何を、そこまで拒むのか。

「わたくし、利己的な人間じゃないんです。むしろ人のために尽くすのが好きです。それに、すごく影響を受けやすい。よく言えば感受性が強すぎる、悪く言えば自主性が希薄。好きな人とおしゃべりしていると、話し方までその人に似てくるほど。そんな人間ですから、家族ができれば家族のために尽くさずにはいられない。自分を譲るわけです。だから危険なんです。絵を描くための感性は鋭敏でないといけません。人に流されていたら自分が鈍り、消えてなくなってしまう。それはわたくしにとって一番いけないこと。ですから結婚生活を送っていたときも、絵だけは放さないできました。流される日々の中でも絵を描いている真夜中には、わたくしは、わたくしの世界を取り戻せるのです。それに実際、絵に助けられもしました。夫は頭がよくて尊敬できる人でしたが、体が弱く、わたくしが絵本の挿絵を描くことで食いつないでいけたんです」

42歳のときに堀さんは夫を亡くしている。背負っていた重い荷が突然なくなったようで、平衡感覚が崩れて、「精神的にまいってしまった」彼女は旅に出た。昭和36年、各国を3年間も放浪するひとり旅だった。

「その旅費はもちろん、自分で貯めたものです。親の生活費も置いていきました。自由というのは、わがままや身勝手とは違うんです。自由は、自分の欲望や贅沢を犠牲にしなければ手に入りません」

50歳が折り返し地点。もう、生き方を迷えない

「言葉もわからず旅したのは、ヨーロッパ、アメリカ、メキシコ。美術館も見ましたけど、天才の作った素晴らしいものを見て、びっくりしていてもしょう

がないんですよ。良いものを見れば良い絵が描けるというのなら、世界中が天才だらけになるはずでしょう？　それよりもこの凡人のわたくし自身が、これからいかに生きるかということが旅の命題でした。まだ見ぬ〝西洋〟というお化けが、わたくしをずっと圧迫していたんです。西洋文化、西洋思想。私たちのからだの一部のようになっているし、ダ・ヴィンチやミレーを尊敬しているけれど、でも、ああいう絵を描く人が何を考えて、どんな生活をしているのかを知らないわけです。わたくしはそれを、この目で見たかった。道の落ち葉を誰がどうやって掃除するのか。親は子供をどんなふうに叱るのか。つまり、日常の暮らしを見たかったんです。なぜなら文化は風土の中から生まれるのですから。わたくしの原点は日本の風土です。そして、ものを考え、感性を磨くには自然の中で暮らさなければいけないと、この旅で痛感いたしました。ベートーベンの音楽は、森の散策から生まれたでしょう？　東西の哲学を生んだのも森であり大地です。自然から離れると、人間は物質的になり、欲望の充足に向かい、ものの本質を見抜く心を失うと思いますよ」

帰国したとき、堀さんは46歳。

「人生の折り返し地点は50歳。そこからは、残る時間を自分の決めた目的に向かって進むしかないと思いました。50歳ならまだ、まったく別の専門家になれるくらいの体力と判断力もあります。ですから逆に50歳になれば、迷ったり、気を散らすことなどもう許されないのです」

旅から帰ると、すぐに住処《すみか》を探した。自分の心身が落ち着く森の中の家を。それが現在も住む神奈川県大磯の自宅である。家の裏手は大木茂る原生林だったが、樹齢400年の木が伐採されると聞いたとき、バブル期だったにもかかわらず、堀さんは私財をなげうって土地ごと購入している。

「自然を尊敬して、動植物から驚きと感動をもらっていないと、わたくしはだめなんです。絵が生気を失う。感性が鈍ると、苦しまぎれに自分の作品をコピーし始める。つまり、ウンウンとうなって作り上げた絵を、自分で模倣してラクをするわけです。わたくしはそれを絶対にしてはいけないと、厳しく自分をしつけています。自然と共に生きて、エネルギーをもらって、常に昨日の自分を壊し、新鮮な驚きと不安を持ちつづけていたいんです。そのためには、環境を変えることが必要です。一ヵ所に定住してると、ものを見る目が濁ってきますから」

61歳で軽井沢に仕事場を持ったのも、そんな理由からだった。69歳からの5年間は「浮き足だったバブル経済に嫌気がさして」、イタリアの田園のお屋敷に部屋を借りて絵を描いた。そんな生活にも惰性を感じ、77歳でアマゾンやマヤ遺跡へ。80歳でペルーへ。81歳でヒマラヤへ。このときはボンベで酸素吸入しながら山を登り、標高約4500mの岩場で、幻の花ブルーポピーを見た。この花を見るのが目的の旅だったのだ。いくつになっても見たいもの、知りたいことは増え、年のことを考える暇はない。

「わたくしの中に潜む未知の能力がまだ芽を吹いてないんじゃないかと、あきらめきれないでいるんです。だって人間は自然の生物なんですから、自分たちも知らない、すごい能力を内蔵しているんです。それが、生まれた時代や環境によって芽吹かなかっただけかもしれない。だから違う環境へ、自分を追い込んでやるわけです。日本人は肩書が好きですが、まだ見ぬ自分の能力を発掘するには、〝何者でもない自分〟でいる自由が大切です。そして群れずに、自分の目できちんと物事を見据えることも」

わが子を殺す生物なんて、人間以外いませんよ

「今、世の中が明らかにおかしくなっておりますね。欲張りな人間が地球上を支配して、天空まで変えてしまって。地震も台風も異常気象も、人間がやってきたことの結果かもわかりませんよね。それに、日本のこの状態は危ない。わたくしの経験した時代にそっくりですから。今度、戦争が起こりそうなときはどうすれば阻止できるかと、ずっと考えていました。女とマスコミがしっかりしていれば平和を守れると思ってきたんです。けれども今の日本は、その両方が経済の僕《しもべ》になってしまいましたね。わが子を守るよりも欲しいものを手に入れたり、金持ちになるほうを選ぶ女が増えている。日本人が壊れています。子を殺す生物なんていませんよ。昆虫だって、そんなことしてません。生物であることを忘れてしまった人間は堕落するばかり」

木立に囲まれた森のホテルのカフェで、堀さんは静かに、冴えた口調でこう話す。

「でも、わたくしは人として、1㎜でも上昇して死にたいんです。だから自分

を甘やかすわけにはいきません。死ぬまで現役の職人でいるつもり。ラクではないけれど、そんな生き方が好きですし、ラクって鈍いでしょう？ 鈍感は、盗みよりも嫌い（笑）。その点、自然は鋭敏で、自分の仕事を怠りません。ほら、放っておいても日々姿を変える、この木々の美しさをごらんなさい」

（2004年10月27日 長野県軽井沢のホテルにて取材）

自分が変わらなければ、平和は訪れない

相馬雪香

認定NPO法人『難民を助ける会』会長

国会議事堂、最高裁判所、衆議院議員会館、国会図書館……。無彩色の厳《いか》めしい建物ばかりが立ち並んでいる。東京・永田町は、喧噪《けんそう》の街を見慣れた眼には、まるで異質な景色だ。

この特別な街で相馬雪香さんは、長年働いてきた。憲政記念館内にある尾崎行雄記念財団に、93歳になっても、ほぼ毎日通っていた。

「数年前までは地下鉄を使っていたんですけど、年とともに瞼《まぶた》が開きにくくなって視界が狭くなり、足も弱くなりましてね。危ないからと子供たちに心配さ

相馬雪香さん　Yukika Souma

1912年（明治45年）、東京都生まれ。〝憲政の神様〟尾崎行雄の３女。女子学習院卒業の翌年に渡米。通訳として、父とともに欧米をまわる。戦後は日本と世界各国の友好親善活動に取り組む。'79年に発足した「インドシナ難民を助ける会」は現在『難民を助ける会』の名前で、国際的なNGOとして幅広く活動（ http://www.aarjapan.gr.jp ）。尾崎行雄記念財団副会長、日韓女性親善協会名誉会長、国際MRA日本協会名誉会長などを歴任。著書に『あなたは子どもに何を伝え残しますか』（祥伝社）。2008年11月８日没。享年96歳。

れるので、今は車で迎えに来ていただいているんです」

矍鑠《かくしゃく》とした話し方。草木染めのスーツを上品に着こなし、ローヒールのパンプスをはいている。衿元のアクセントは、彼女が会長を務める国際人道支援団体のひとつ『難民を助ける会』のメインキャラクターのうさぎのバッジ。第一線で働く人の、凜々《りり》しい出で立ちだ。

お転婆？　あたりまえだわ。オートバイにも乗ったもの

「『働かざるもの食うべからず』。私は幼い頃から父に、こう教えられて育ちました」

相馬さんの父は〃憲政の神様〃と称される尾崎行雄。戦前の憲政擁護運動の先頭に立ち、民主政治の確立に生涯を捧げた政治家である。

「『女の子だから』とか『女の子らしくしなさい』とか言われたことが、私は一度もないんです。私の子供の頃は女性差別が厳しく、参政権がない女性は政談演説の会場にも入れない時代。ところが父は娘の私を演説会に同伴して、

『私の演説でどこかおかしなところがあったら注意してください』と言うんですよ。そうすると子供心にも、少しでもヘンなことを言ったらあとで注意してやろうと真剣に聞くわけね。父に大事な役を頼まれたことで、私はとても誇らしかったのを覚えています」

性別、年齢、階級、貧富の差などで人を分けて見ることは一切せず、何人《なんぴと》にも丁寧語を使ってきちんと向き合う。偏見や先入観にとらわれることなく、常にまっすぐな視線で物事をとらえる父の姿を見て相馬さんは育った。

「関東大震災の直後、私たちは軽井沢に避難していましたが、『東京では朝鮮人が井戸に毒を投げたといって、大騒ぎになっている』と客が父に報告したことがありました。あのときは実際に、人々がヒステリー状態に陥《おちい》り、罪のない在日朝鮮人が殺されるという不幸な事件も起きています。しかし、その話を聞いて父は『それは流言飛語《りゅうげんひご》でしょう。百歩譲って、彼らが本当にそういうことをしたとしても、なぜ、そういう気持ちになったかを考えなければなりません。こちらの責任も考えなければいけない』と言った。11歳の私にも、このときの父の言葉は胸に響きました」

一方、相馬さんの母は、日本人の男爵とイギリス人女性との間に生まれ、英国で育った人物。娘たちにも英国流の厳しい躾《しつけ》をし、日英のバイリンガルで育てたという。

相馬さんは女子学習院を卒業すると、〝働かざるもの食うべからず〟の精神で、外資系企業に就職した。だが、当時の日本社会で女性が活躍するのは難しかった。それで、アメリカのカーネギー国際平和財団から講演の依頼を受けた父に、通訳として同行することにした。1931年のことだ。

「その年の9月の初めだったかな。ロサンジェルスに滞在中に、外で『号外！』『号外！』と大騒ぎしている。何かと思って号外を手に取ると〝日本、満州を侵略す〟とありました。その瞬間からです、父が『日本は間違っている』と言い始めたのは。ワシントンで当時のフーバー大統領に会った日は、ホテルに帰って『残念だ』『残念だ』としきりに言う。何が残念なのかと尋ねると、父は言いました。『これまで日本政府は嘘を言ったことがない。だから、満州から先へは侵攻しないという、日本政府の不拡大方針を信じる、と大統領が自分に言った。でも実際は、政府ではなく軍が動いて、もはや満州から拡大してしまっている。これでは明治天皇以来築いてきた、日本の国の信用が崩れてしまう。それが残念でならない』と。そのときの印象がとても強かったの、わたくし。個人として自分の信用を大切にするだけでなく、国も信用が大事だということ。これは、その後の私の指針となりました」

ロンドンを経て1933年に帰国すると、軽井沢のスキー場で幼なじみの相馬恵胤《やすたね》氏と再会。雪香さんは25歳で結婚する。

「主人に惹かれた理由？　彼だけが音《ね》を上げなかったんですよ。だって一緒に遊んでいた男ども、みんな、だらしがなかったの。ボートを漕いでも、テニスやスキーをしても、すぐに『もう、草臥《くたび》れた』とか言って。それで『結婚するのは大人しい娘がいい』だなんて」

かなりお転婆だった？

「あたりまえだわ。女は自転車にも乗らない時代に、私はオートバイに乗っていましたから。俺にも乗せろと彼が言うから、私の後ろに乗れと言ったら、それがきっと悔しかったのね、数日後に彼もオートバイに乗って現れた。それで一緒に箱根あたりまで行ったんです、2台のオートバイで」

当時では驚愕のハイカラなデートである。

戦争が起こりそうなときは、教科書が変わるんです

相馬恵胤氏は、元・相馬藩主の家柄という華族。結婚には当然、障害があった。親が相手を決めるのがあたりまえの時代に、自由恋愛で結ばれようという決断。しかも相手は当時、軍や政府から〝国賊尾崎〟と誹謗《ひぼう》されていたリベラルな政治家の娘。おまけに異国の血が混ざった、モダンガールなのである。

「特に主人の祖母が大反対でした。私が嫁ぐと、別棟に住まいを移してしまったほど」

厳しい家柄で、いろいろなしきたりもあったはず。息苦しくなかったですかと聞くと、

「息苦しいだなんて、そんなこと……。この人がいいと自分が思って結婚したんでしょう。反対されていることを承知で、その家へ入っていくんですから、初めから覚悟のうえですよ。

だって、なんのための結婚か。自分のしたいことをするために結婚するんじゃないでしょう。ただ、最初の子を産んだときに『男の子さんをお産みにならなければ、奥様の資格がございません』と私に言った人がいたんです。ショックだったですね。そういう世界に生きていること、頭ではわかっているつもりだったんですよ。でも心がわからないのよ。2番目は男の子でした。もちろん、とっても嬉しかった。だけど、古いしきたりの思う通りになったという点では悔し涙が出た。そうしたら看護婦が『男の子さんをお産みになって嬉しくて泣いてらっしゃる』と言ったわね」

それまでも心にしこりはあった。家事もせず、外で友達に会うことも許されぬ、華族の若奥様の何事も起こらぬ暮らし。食事時は夫が箸をつけるまで、じっと待たなければいけない。食事にだいぶ遅れたときに理由を聞くと、当時まだ学生だった夫は「本が面白くて夢中になってしまった」と平然と言った。

家の中での不満ばかりでなく、日増しに軍国調を強めていく世相も心を騒がせた。

「戦争が起こりそうなときはね、教科書が変わるんです。〝世界に冠たる大日本帝国は……〟という軍国調の言い回しになる。今また、そのときと同じ方向に行こうとする動きが日本にあるから気をつけなければいけませんね。最初の子が産まれるとき、子供にそんな教育を受けさせたくないと思って、私は本当に悩んだの。産まれた子を殺すか。それもできない。八方塞《ふさ》がりのような心持ちの中で、離婚の2文字が頭をかすめたこともありました」

お前が悪いと指したとき、3本の指は自分に向いている

はけ口のない不満と、自分ではどうにもできぬ不安にさいなまれていたとき、雪香さんが出会ったのがMRA（モラル・リアーマメント＝道徳再武装）という平和運動だった。ヨーロッパで戦争の気運が高まった1938年に、アメリカのブックマン博士が提唱。世界の平和は武器によってではなく、人間個々の倫理観や道徳観を鍛え、高めることによって実現されるべきだという考え方である。

「とっても簡単なこと。『お前が悪い』と指したとき、3本の指は自分のほう

へ向いている。つまり他人を変えたいなら、まず自分が変わらなければならないと。そう考えるようにすれば家庭にも世界にも平和が訪れるんです。変えられるのは自分自身しかない」

海外の友達に教えられたMRAには、〝絶対正義〟〝絶対純潔〟〝絶対無私〟〝絶対愛〟という4つの物差しがあった。これに照らし合わせて、自分に足りないところを見る。

「〝絶対〟なんて嫌でしょ？　でもこの〝絶対〟がないと、人間は弱いから自己弁護してしまう。MRAを知って、私は自分には足りないものだらけで、中でも正直でなかった点が一番問題だと反省しました。それで、それまでは主人に対して文句を言いたい気持ちばかりだったけれど、素直にそれを伝えて謝ったんです。夫の祖母にも謝った。孫の嫁が突飛なことをすると、お思いになったかもしれない。

でも戦争が始まって、主人の召集先の満州へ行ってもいいでしょうかというお伺いを立てたときに、厳しい祖母が『あんたの思うようにおし』と言ってくれたのには、私の突飛な行動が功を奏したところもあると思うの」

やがて終戦。雪香さんは4人の子供を抱えて、命からがら満州から引き揚げた。戦後の焼け野原で生きていくためには、もはや女でも、華族の奥様でも働かねばならない。

彼女はリーダーズ・ダイジェストの日本版発刊の仕事に携わった。会議などの通訳もした。1948年にはMRA大会に招かれてアメリカへ渡り、その足でヨーロッパをまわっている。そのとき、「日本人がいるところには出席できない」という人たちがいて不審に思い、本を読むなどして初めて、日本が戦争中にアジアでしてきた悪行について知った。

時が過ぎ、1975年にベトナム戦争が終結して、ボートピープルが現れたとき。

「日本は何もしなかったのね。『狭い日本に難民が入る余地などない』という反応が一般的でした。でも海外の友人は『ヨーロッパの国会議員が、自費でインドシナに情況を見に行ったりしているのに、同じアジアの日本は何もしなくていいの？』と心配してくれたんです。いいわけがない。なんとかしなきゃいけない。そんな想いで方々へ働きかけて、1979年に『インドシナ難民を助ける会』を発足させました。今は『難民を助ける会』という名前に変わって、地震などの被災地や、エイズの脅威にさらされているアフリカの子供たちの援助などもしています」

今現在、相馬さんの一番の願いは？

「日本が狭くなってほしくない。世界の一部だということを忘れないでほしい。eーメールや何かで、世界は驚くほど近くなっているじゃないですか。なのに人間の心は、自分でコントロールできるから狭くしちゃうのね。それを広げていただきたい。世界のことを考えてほしい。アジアとの関係もそう。たとえ相手の言うことが間違っているとしても、『お前が悪い』と指さしているとき、三指が自分に向いていることに気づいていただきたい」

悪い方向へ行かぬよう、なんとか食い止めなければいけませんねと言うと、93歳の勇ましい人は頬を近づけるような親密さで言った。

「食い止めるんじゃなくて、さらに先に進みましょうよ、私たち」

（２００５年９月22日東京・永田町『憲政記念館』にて取材）

わび、さびと言い出すのは〝逃げ〟ですよ

朝倉摂

舞台美術家

朝倉摂さんといえば、〝スパッツ姿〟らしい。若い頃からもう何十年も、ボトムはスパッツを定番としている。外出時にはスパッツに颯爽と革ジャンをはおり、自宅兼仕事場ではラフなプルオーバーなどを合わせる。髪はオレンジに染めたショートカット。赤い眼鏡、ピンクの口紅。モダンでパンキッシュな雰囲気だ。カメラに向かうときに、

「私ね、ファンデーションって塗ったことないんですよ。重たい感じがしてイヤなのね」

朝倉 摂さん　Setsu Asakura

1922年、彫刻家・朝倉文夫の長女として東京に生まれる。早くから日本画を志し、'50年代から画家として活動。'70年、ロックフェラー財団の招きで渡米、舞台美術を研究する。'86年『にごり江』の舞台装置で芸術祭賞受賞。その後も受賞多数。『近松心中物語』『ヤマトタケル』などの舞台美術、映画『写楽』『梟の城』の衣装など、手がけた作品は数知れず。結婚当初から住んだ家は、2階のワンフロアを妻のアトリエ、1階を夫の書斎に。お互いに干渉せず、ほどよい夫婦関係を続けていた。2014年3月27日没。享年91歳。

と教えてくれた。その肌の、白く明るくつややかなこと。「ゆうべは2時まで仕事してた」というのに。ちなみに、このインタビューをお願いするにあたって朝の9時過ぎに電話をかけると、たいてい外出したあとだった。睡眠時間はどのくらい？

「5時間ぐらいですかねぇ。昼間はね、あっち行ったり、こっち行ったりしてるんです。まめなんです。うん、自分でもまめだと思う」

ぼ～っとするのが苦手で世間もそれをさせてくれない。つまり売れっ子なのである。

ダメだしをされても平気。2倍仕事ができるからいい

「確かにここんとこ、ちょっと忙しかったですね。(2004年) 12月は名古屋の御園座で藤山直美さんの舞台をやって、クリスマスのあとには、『近松心中物語』を福岡でやりますし」

蜷川幸雄演出の『近松心中物語』といえば、'79年が初演のロングランヒット

作だ。その内容もさることながら、薄暗い舞台装置のいたるところに紅い彼岸花を咲かせたり、50㎝も雪を積もらせたり。朝倉さんの創り出す美しく幻想的な風景が、多くの人を魅了してきた。

キャリア50年余の大御所。だが、えらそうな顔をする人ではない。これまで手がけてきた無数の仕事がそれを表している。和もの、洋もの、古典、現代劇を問わず。芝居、ミュージカル、歌舞伎、踊りと作品のジャンルにもこだわらない。ベテランとも若手ともチームを組む。海外での仕事もこなすフットワークの軽さ。大ホールから小劇場まで、舞台の広さや観客動員数も問題としない。

「毎回毎回が真剣勝負ですから、大変なんです。おんなじようなことはやりたくないから、その作品の世界をどう表現するか、一所懸命考えるでしょう。それで『こういうふうにしたい』というイメージがようやくできあがっても、『予算に合わないからダメだ』の一言で一からやり直すこともよくあるんですよ」

がっかりしますね、それは、と言うと、

「いやぁ、また新しいことを考えられるから楽しいですよ。2倍考えられていいです」

平然と言ってのける。

「ほんとに好きなんです。どういう舞台装置にするかを考えたり、絵（装置や衣装の下絵）を描いたりすることが。それよりほか、能がないんですよ」

そういえば、彼女の作品集の中に収められたインタビューに印象的な一節がある。〝子供時代からずっと変わってないことは？〟という問いかけに、朝倉さんはいきいきと答えているのだ。〝それなら絵を描くことですね、間違いなく。記憶しているかぎり、絵を描かなかった日は一日もないですから。父親（彫刻家の朝倉文夫氏）が死んだときも枕元でその顔を描いていました〟（『朝倉摂のステージ・ワーク1991―2002』PARCO出版）

出産日にベッドの上で、その日、締め切りの絵を描いた

「子供の頃はお転婆でした。私のうち、門を出るとダーッとお墓なんですね、谷中《やなか》の。そこでとんぼ採りをしたりして、よく遊んでました」

東京・谷中にある朝倉彫塑《ちょうそ》館は、現在は美術館として一般公開されている

建物。西洋美術や建築に造詣《ぞうけい》の深かった彫刻家の父が、みずから設計したそのモダンな家で、朝倉さんは特別な教育を受けて育った。父の方針で、なんと一度も学校に通わなかったのである。いろんな学者が自宅を訪れ、朝倉さんに勉強を教えに来ていた。

「私が望んだわけじゃない。父の趣味ですよ。ほかにも絵やピアノも習っていたし、お嬢さんがやることは、たいていやってたわけです。母が下町の生まれなので、長唄なんかも習ってた。でもあたし、好きなことしかやりたくない性分なんですね。昔は修身という道徳みたいな科目があってね、それがなんか押しつけがましくて、すごくイヤだったんです。今でも覚えてるんだけど、修身の教科書に仁徳天皇の『高き屋にのぼりてみれば煙り立つ民のかまどはにぎわいにけり』っていう歌が載ってた。優しい気持ちで詠んだ歌なんでしょうけど、自分たちは全然生活に困っていなくて、庶民の暮らしを高みから見下ろしている感じがして、子供心に気持ちが悪かったんです。父にそう話して『習わなくちゃいけないんですかねぇ』って聞いたら、『イヤならやめてもいいよ』って。それっきりあたし、修身はやらなかったんです」

その代わり、絵は夢中で描いた。

「自分が寝ている間にも、海の向こうではピカソが絵を描いてるんだから負けていられない、なんて馬鹿なこと考えて、眠らずに絵を描いたりしてね」

そんな少女はやがて日本画家になり、第一線で活躍した。だが、少しずつ始めていた舞台美術にひかれていき、30代には舞台が仕事の中心を占めるようになっていく。

「そもそも画壇というのが好きじゃなかった。権力争いみたいなものは苦手だしね。ひとつの世界に縛られたり、規制の枠にはまったり、窮屈なことが私は嫌いなんです。それと、ピカソにしてもマルセル・デュシャンにしても、作風が次々に変わっていくでしょう。それは芸術が時代と連動しているからだと思う。おこがましいですが、私の場合も絵という表現手段では、時代のスピードに追いついていけない感じがしたんです。それで絵からはみ出して、三次元、四次元へと飛び出したくなったのかもしれません」

おりしも時代は'60年安保の頃。学園紛争が起こり、世の中が熱気に包まれて、文学や映画の世界にもその火の粉が飛んだ。唐十郎、寺山修司といった異色の若手作家が現れるなど、演劇界にも自由闊達な空気が満ちていた。

夜中の2時、3時までみんなで熱く語り合い、ぶつかり合って、ひとつの作品を作り上げていく楽しさ、面白さ。そんな私生活のない仕事まみれの生活を、朝倉さんは好んだ。4歳下のドキュメンタリー映画監督・富澤幸男氏と、35歳で結婚してからもそうだった。

「私たちは夫婦というより、お互いに好きなことをやって一緒に暮らしている、濃密な友達みたいな感じね。ええ、今もそうですよ。もともと私は結婚にはまるで興味がなかったんです。する必要はないと思ってた。あまり意味があることに思えないのね。『奥さん』って呼ばれるのも、なんだか付属品みたいで好きではないし。だから本当に、たまたま好きな人が現れて、この人となら一緒にやれるんじゃないかと思ったから結婚しただけ。むこうもきっとそうでしょう」

結婚した年に長女（女優の富沢亜古氏）を出産した。このとき新聞の挿絵の締め切りが出産日と重なり、朝倉さんはそれをベッドの上で仕上げたという逸話もある。

「そうそう！　あれ描きました、あたし（笑）。病院に画材を持っていってたから、生まれた赤ん坊の顔を写生したりもした。産休なんていう発想、全然なかったの。ちょうどそのときにね、ロシアの芝居が来ていたんですよ。『桜の園』だったかな。それも観に行きました、病院をそっと抜け出して」

何をやりたいかわからない？　それは努力が足りないのね

舞台や映画の仕事で、紫綬褒章、都民文化栄誉章など、多くの賞を受賞してきた朝倉さん。'04年秋にはエイボン女性大賞にも輝いた。

「本当に、好きでコツコツやってきただけなんですよ。生きてるかぎり、自分がやりたいことをやるより、しょうがないですから」

やりたいことが見つからないと嘆く人も世の中には多いけれど、と言うと、

「あぁ、それは自分の努力が足りない」

スパッとした答えが返ってきた。

実際、朝倉さんは努力の人なのだ。仕事の上ではもちろんのこと、多忙極ま

る中でもわずかなオフタイムができると、演劇やオペラや歌舞伎を貪欲に観てきた。眠る時間を惜しんで、オールナイトの映画館にも通った。

「今でもニューヨークに行くと、着いたその日に芝居を観に行きますよ。古典や新古典といわれる芝居を今もう一度観直すのもいいなって、私は思ってるんですけど。たとえばユージン・オニールの書いた『夜への長い旅路』という芝居があるんです。暗〜い芝居ですよ。しかも4時間15分と上演時間が長い。でも、その切符がニューヨークでもロンドンでも、すぐにソールドアウトなのね。それにひきかえ日本では、お客を集めるためにアイドルを芝居の主役に立てたりしてるわけよ。切符をどこかの会社にまとめて買ってもらって、お弁当が出るからと、社員がそれをいやいや観に行ったりしてるでしょ。何が文化国家か、と私はいつも言ってるんですよ」

欧米で芝居がそれほどまでに人と密接なのは、どうしてなのだろう。

「芝居には文学性だとか、いろんな要素が入ってるんです。それだけに自分の人生を重ねて観る習慣があるんじゃないでしょうか。だから歌舞伎でもなんでもいいと思うんです。自分の人生を違う角度から眺めてみるためにも、劇場へ行くのはいいことなんです」

古典演劇も歌舞伎も別に高尚《こうしょう》な趣味ではなくて、朝倉さんいわく「俗っぽくて、猥雑で、なまなましい生命力が存在している」ものだという。だとしたら「敷居が高い」と敬遠しているのは、もったいない話だ。

「ものを買ったり、うまいものを食べたりすることには貪欲でも、日本人って文化の香りがするものにお金と時間をかけませんね。社会意識と美意識が、あまりになさすぎると思う。

社会意識って言えばね、11人の監督が11分ずつの短編を撮った『11'09"01セプテンバー11』というオムニバスを前に観たんだけど。その中のクロード・ルルーシュ（『男と女』などの監督）の映画は素晴らしかったね。なんの音もない映像なんですよ。手話の通訳をやっている夫婦が出てきて、（2001年）9月11日にワールドトレードセンターにだんなさんが通訳に行く。奥さんが家でテレビを観ていると、ワーッとあれが映って。しばらくするとドアをノックする音がして、開けるとだんなさんがお化けみたいに白い灰をかぶって立ってるんです。そこで終わるんだけど。〝音がない〟という発想がすごかった」

ニュースの報道や、おなじみの識者のコメントとは全く違う、社会の写し方――。劇場の暗がりの中でないと見えない世界もあるのだ。

「みずみずしくて新しいものを私も次々に出していかなければ、と思っているんです。年をとるとすぐに、わび、さびと言い始めるけれど、私に言わせればそれは逃げですよ。一種のエスケープね。新しい世界を開くよりも既存の型にはまるのが心地よくなったら、自分のエネルギーが枯れ始めてきた、と考えたほうがいい。なんにおいてもラクしたいと思い始めたら、人のスピリットは老いて枯れていくんじゃないですか。年齢に関係なく」

（2004年11月2日　東京・代々木上原の自宅にて取材）

100冊の本より、1回の恋愛

瀬戸内寂聴

作家

2005年4月。瀬戸内寂聴さんと待ち合わせした東京のホテル。取材用に用意したその一室に急いで来たのだろう、廊下でシャカシャカシャカと衣擦《きぬず》れの音がして、天真爛漫な笑顔の人が現れた。そして開口一番、

「今日渡すべき原稿ができてないのよねぇ。それで今まで、ふうふう言って書いてたの」

ちなみに寂聴さんは、ほんの数日前に講演先のNYから帰ってきたばかり。

「昨日は日帰りで函館に行って、明日にはNHKのドキュメンタリー番組の仕

瀬戸内寂聴さん　Jakucho Setouchi

1922年、徳島県生まれ。東京女子大学卒業。30代後半から瀬戸内晴美の筆名で精力的に執筆、人気作家となる。'73年に出家し、京都の嵯峨野に寂庵を結ぶ。'92年『花に問え』で谷崎潤一郎賞、'96年『白道』で芸術選奨文部大臣賞受賞。'98年には『源氏物語』現代語訳を完結した。2005年5月に上梓した『命のことば』（講談社）は宗教家や文学者による、人生におけるさまざまな名言を考察した、心に染みる一冊。このほか『死に支度』（講談社）、『老いも病も受け入れよう』（新潮社）など、現在も数々のベストセラーを執筆。

事でパリに発つんです。それまでに本一冊、書かなくちゃいけないの。もう無理よねぇ。しょうがない。帰国してからやるしかないわね」

83歳にして、なんという忙しさだろう。もう長年こんな生活なんですかと尋ねると、

「そう、ずーっとですよ。もう死にたい（笑）。死なないと、終わらないんじゃないかしらね」

そう言って、ふふふ、とお茶目に笑った。

今の小説は、なんだかスカスカしてるじゃないの

30代から本格的に小説を書き始めて、著作は420冊余にも及ぶ（2016年9月時点）。

「量の多さは誉められたことではないですよ。質が良くなければ。でも最近ね、小説は飽き飽きしているの。世の中が変わってしまったでしょう。昔はひとつの作品を作るときに作家はもちろん、編集者も必死だったんですよ。原稿

を深く読み込んで『この表現はいまひとつわかりにくいですよ』と指摘してくれる編集者と一緒になって、作品を作り上げる充実感があったの。なのに今は長い連載でもファックスや電話のやりとりだけで、原稿を機械に通して渡せば、それでお仕舞い。担当編集者と顔を合わさないこともある。それでは絶対にね、いいものは生まれないと思うのよ。これはもう、自信を持って言える。文章の上手下手じゃなくて、命が入らない、情熱がこもらないですよ。だから今の小説は、なんだかスカスカしてるじゃないの。でも、〝舞台〟なんかはそれが違うのよね。いいですよ、人と人が触れ合う現場というのは」

11代目市川海老蔵の襲名披露公演『源氏物語』をはじめ、歌舞伎、能、浄瑠璃、狂言、オペラ……と、80歳を過ぎてからの寂聴さんは舞台の脚本も多く手がけているのだ。

「この間も、6月に福岡・博多座で上演する『源氏物語』(注・2005年)の脚本に手を加えたんですけど。原作にはない、光源氏が藤壺の部屋に初めて忍んでいく場面を書いて、それを一番最初のシーンに持ってきたら、『えっ、初めからこれですか!』って、みんなに驚かれて。ところが面白いのは主演の海老蔵なの。光の君が藤壺に、いかに憧れていたかを滔々《とうとう》と語る名台詞を、私は脚本にいっぱい入れていたのね。そしたら海老蔵が『先生、若い男が惚れている女の寝室へ行って、こんなくだくだしたことは言わないよ。いきなりするよ』って。『それもそうね。じゃ、ここの台詞はカット』なんて、そんなふうに脚本が変わっていくわけ。個人作業の小説と違って、自分の書いた世界が演出や役者によって変わっていって、想像以上のものが舞台の上にパッと生まれるんです。それはもうね、うれしくてワクワクしちゃいますよ」

大家ぶらず、柔軟で、たぐいまれな好奇心と探求心を持っている。ほかにもきっと理由があるのだろう。ここまで次々と、異なるジャンルの新しい仕事が舞い込む現象の理由。

「それはあなた、簡単な話よ。興行的に成功するんです、私が書いたものは全部。だから次、また次……と仕事が来るわけ。なぜ成功するか？　それは私の才能でございます（笑）。いや実はね、コツがあるの。何かをするときに、『これは絶対に成功する』と自分に暗示をかけるんです。〝プラス暗示〟と私は呼んでいるんだけど。みんな、わりあい『できなかったら、どうしよう』とマイナス思考じゃない？　それを〝プラス暗示〟に変えるだけで、人生は開けてくるんですよ」

寂聴さんに爽やかにこう言われると、うまくいかずに悲観したり、ぐじぐじ悩んでいた心が、パーッと晴れてくるから不思議だ。

通い婚がいいんじゃない？　しかも一妻多夫

しかし物事は簡単には進まない、計画通りに人生は歩めない。そのことを誰よりもよく知っているのは、実は寂聴さん自身だ。

20代で年下の男に恋をして、幼子を置いて夫の元を去った。30代から40代にかけては、妻子ある年上の男と、年下の男の間で心が揺れた。『夏の終り』などの小説のベースとなっている、彼女自身の奔放な生き方。それを断ち切るようにして51歳で出家した理由について、寂聴さんはエッセイにこう書いている。

〝性懲りもない恋の果てに、人間の愛や情熱は必ず衰える時が来るということを思い知らされた。相手のではなく、自分の愛や情熱さえままならないのだ。

何でも自分の力で努力し獅子奮迅し、開拓してきたと思いこんできたけれど、人ひとり生きていく上で自力で果たせることなどは、ほんの一部だということもわかってきた。〟（『人が好き［私の履歴書］』収録「出家の理由」）

人の世の悲哀をさんざん見て、恋もさんざんしてから、出家して。達観の境地にいるせいだろうか、今の寂聴さんは、

「私はね、21世紀は女の通い婚になると思う」

などと過激なことを口にする。

「昔と違って今は女性が自活できるから、ひとりの男と暮らす必要がないでしょ。通い婚のほうがラクじゃない？　それも一妻多夫で、月曜日は誰、火曜日は誰……と、女たちが男のところへ通うわけ。で、パッと帰ってくる。いや、私は本当に自然な流れとして、そうなっていくと思うんですよ。

もう、家庭の形が昔と違うじゃないですか。老人は追い出して、核家族で。子供は塾に行かせて、奥さんはお稽古事だなんだって、自分の成長ばかりに夢中になって、いつも外にいる〝お外さん〟だしね。食事も家族バラバラで、そのへんで買ってきたものを出したりしてる。〝家庭のぬくもり〟なんていうの

は、もはや死語でしょ。家庭に愛情の受け渡しがない。さっき話した編集者と作家の関係なんかにしてもそうだけれど、社会においても、人と人との魂のぶつかりあいがないでしょう。だからみんな、心に欲求不満がたまってる。漠とした欲求不満だから自覚しにくいけれどね。でも、くすぶっているところへ、ちょっとしたことで火がついたら大変。欲求不満がパーッと燃え上がる。だから、いじめとか練炭自殺とか幼児虐待とか、今の世の中、変になっちゃってるじゃないですか」

自分を磨いたり、生きがいを求めたり、自分のことばかり考えていないで、もしかしたら私たちは違う方向を見るべき?

「いや、でも私はね、もっともっと女たちが貪欲に自分を磨いて、勉強していっていいと思いますよ。家庭に縛られ、男の付属品みたいになっていた今までが、あまりにひどかったからね。自分で稼いだお金を手にし、自由な時間を持った女たちが、あれもやりたい、これも欲しいと行き過ぎるのは当然で。行き過ぎて〝今のままではいけない〟とわかったら、そのときに改めればいいんであって。まだ過渡期よね。

ただ、問題は子供のこと。通い婚もいいし、離婚してもいいと思うけど、子供だけは母親のもとで育てたほうがいいわ。私の場合は子供を置いてきたからね、やっぱりそれは何年たっても、負けですよ、こちらの。今はちゃんと娘とつき合っていますけど、うまくいっているような顔をしているけどね、でも自分の心の中にはやっぱり、しっくりしないものがあるんですよ」

セックスをしない風潮って、なんなの？

「それよりも、そうそう、あなたたちに聞きたいことがあるわ」

好奇心に輝く顔で、寂聴さんが言った。

「今の30代、40代の人たちが、セックスしなくなっている風潮があるでしょう？　それはいったいどうしてなの？」

えっ、どうして、と言われても……。虚を衝《つ》く質問が飛んできた。

「私の世代には、ほーんと、わからないのよねぇ。30代、40代なんて、女として一番いいときなのに。そういう年代にセックスに興味がないなんて、ちょっとおかしいんじゃない？ なんでぇ？ なんでなの？ 男の精力がなくなってるの？」

相手をタジタジにさせて逃げ場を与えない、聞き上手の手口。寂聴さんはニコニコの笑顔で、こちらにズバッと切り込んでくる。いや、切り込むというよりも、何かを焚きつけているというべきか。

「仕事が忙しいから？ でも私なんて、一番お盛んだった頃に一番仕事してたわよ。だから〝時間がない〟なんていうのはウソよ」

でも忙しいときに、恋やセックスに振り回されるのは……と言いかけた言葉を遮って、

「一度、振り回されてみなさいよ〜。どんなにいいものか」

そんなにいいものですか。

「いいものです。だから私、あなたがたが恋をしないのが、セックスをしないのが、不思議で不思議でしょうがない。30代が最高よ。いや、40代かなぁ」

と、言われても、今の年齢からゴールがない恋愛を始めるのは疲れそうだ。

「ゴールがないからいいんじゃないの。結婚してしまったら、つまらないわ

ね。そういう意味では不倫が一番面白い。してはいけないことをするのが、やっぱり面白いのよ。尼さんの言うことじゃないけどね（笑）。でもホント、男が夫になってしまうと、つまんないじゃない？　だから既婚の人は夫を夫として見ないで、恋人として扱うように努力することね。それから未婚の人は、今の時代、もう無理に結婚しなくていいよ。でも恋人は持ちなさい、と言いたい。夜寝るときに、ふと『カレはどうしてるかなぁ』と思う相手がひとりいてごらん。全然、違うんだから。夢が甘くなります」

恋をしなさい。本気の恋を！

「それにしても長い人生の中で、今の時代が一番悪いわね。戦時中よりも悪いですよ。こんな時代を見ようとは思わなかった」

こう、寂聴さんが嘆く矛先は、政治家、教育者など人の上に立つ者に向けられている。

「それに昔の日本には、助け合って生きていこうという精神があったけれど、今はみんな、自分のことしか考えていない。道徳心も消えてしまった。見苦しいですよ、本当に見苦しいわ、人の心が。でもそんな時代だからこそ、これからを生きていくあなたたちは、やっぱり生きる希望を持たないとダメよね」

それが何なのかが、私たちの一番知りたいこと。生きる喜びとはなんなのだろう？

「だから言ってるでしょう、恋をしなさい、って。たくさん恋をして、たくさん苦しんで、もっと人生を味わわなきゃ。人を愛すれば、思いやりが生まれる。相手に対する想像力も育つ。豊かな人間になれるんです。100冊の本を読むより、1回の恋愛。恋をしなさいよ、本気の恋を」

（2005年4月4日　東京・日比谷のホテルにて取材）

変わる必要なんかないと思う

大橋鎮子　『暮しの手帖社』社主

新宿の『暮しの手帖社』で、パンツスーツの大橋鎮子《しずこ》さんが迎えてくれた。メイクも服装も、すっきり活動的。いかにもできる編集者といった雰囲気だ。「もう90歳だけれど、週に4日は会社に出ていますよ。私は今でもね、『暮しの手帖』がもっと売れる方法はないだろうか、って毎日考えているの。ええ、毎日よ。本屋をやっている以上、部数を売らなきゃダメだもの」まさに生涯現役。彼女が故・花森安治《はなもりやすじ》氏と創刊した『暮しの手帖』は、2016年で69年目を迎えた。新しいものもすぐに古びてしまうこの国で、これほ

大橋鎮子さん　Shizuko Ohashi

1920年、東京生まれ。旧制東京府立第六高等女学校（現・都立三田高校）卒業後、日本興業銀行へ入行。３年で退社し、日本女子大学に入学。日本読書新聞などを経て、'48年に故・花森安治氏らと『暮しの手帖』を創刊。広告を一切載せずに商品テストを実施する独自の編集スタイルが、多くの読者の信頼を得た。2010年、自伝『「暮しの手帖」とわたし』（暮しの手帖社）を上梓。'13年３月23日没。享年93歳。'16年、大橋さんをモデルにした、NHK連続テレビ小説『とと姉ちゃん』が放送され、人気を博す。

どの長寿雑誌は珍しい。

「『暮しの手帖』をやめようと思ったこと？　一度もないわね。仕事が辛くて泣いたこともないわ、申しわけないけれど（笑）。やること、考えることがいっぱいあって、それどころではなかったし。今も休みの土曜と日曜はデパートを歩くんです。人だかりしているところへ行って『あなた、どうしてこの品物を一所懸命見てらっしゃるんですか？』と聞くの。すると『前に同じものを買ったけれど、すぐに壊れたから文句を言おうと思ってる』とか、みなさん話してくれますよ。そういうところにヒントがある。やっぱりね、人と会わないと（雑誌の記事の）プランは浮かばないの。編集者にとって大事なのは、世の中のすべてのものに興味を持つことです。誰かが買った良い物はもちろん、たとえば人が転んだのを見ても、そのことに興味を持たなきゃいけない」

そうだ、知恵を売る仕事をしよう！

大橋さんは東京で生まれ、父の赴任先の北海道で幼少期を過ごした。

「三姉妹の長女で、ガキ大将って言うのかしら、今も会社のみんなに『威張ってる』って言われるけど、子供の頃からそうだったみたい。北海道では毎日、近所の子供たちがうちに集まっていました。当時珍しかったクッキーなんかを母がおやつに焼いてくれたので、それが目当てということもあるけれど、私がいろんな遊びを考えたのね。寝床の中でいつも『明日は何をして遊ぼうか』と考えていました。昔から企画を立てるタイプなのよ」

北大卒で、東京の製麻《せいま》会社の北海道工場長だった父と、女子美卒で、お菓子作りが得意な母。恵まれた家庭環境でのびのび育った大橋さんだが、やがて父が肺結核に冒《おか》され、静養のために東京へ戻った。小学5年生で父を亡くしてからは、経済的に苦労もしている。

「女学校は、府立第六（現・都立三田高校）へ通ったんです。2級下にシャンソン歌手の石井好子さんがいましたね。当時はまだ、女学校に通う人も少なかった頃で、私の学費は祖父が土地を売るなどの工面をして、払ってくれました。お作法の時間に先生が、母が繕《つくろ》ってくれたつぎはぎだらけの私の靴下を見て、『みなさん、大橋さんの靴下をご覧なさい。みなさんも新品をおろしてばかりいないで、大橋さんのお母様のようにものを大切にする気持ちを持つように』と言ってくださったことがあるの。それがうれしくて、おっちょこちょいの私は、足を伸ばしてみんなに靴下を見せたりしてね（笑）。貧乏はちっとも恥じていませんでしたよ。でも、〝将来はお金持ちになりたい〟と思っていたわね。私の言う〝お金持ち〟は、〝貧乏では嫌だ〟っていう意味ですけれど」

女学校を卒業すると、日本興業銀行に入行した。しかし職場の女性の先輩が「女学校を出ただけの私たちには学問が足りない。もっと勉強をしなくては」と言ったことが心に響き、興銀を3年で辞めて日本女子大学で学ぶことに。その後、日本読書新聞社などで働いている頃に太平洋戦争が勃発した。

「戦時中は防空壕の中で、〝戦争が終わったら私は何をするべきかしら〟って、ずっと考えていました」

当時は女性の給料が安く、会社勤めをしていたのでは、お金持ちになって母や妹たちを幸せにするのは難しい、と痛感していたのだ。

「それで何か商売をしたほうがいいんじゃないかと思って、祖父のやっていた材木屋を始めてみようか、とか、喫茶店はどうだろう？　とかいろいろ考えたんです。でもどれも未経験だし、うまくいきっこないと母に反対されて。で、ふと思ったの。私に得意なものがあるとすれば、こんなふうに〝ああでもない、こうでもない〟と考えて知恵を働かせることだ。そうだ、知恵を売る仕事をしたらどうかしら？　知恵を売るということは……本や雑誌を作って、それを売ることだ、って」

もう二度と戦争をしないための雑誌

戦争が終わって日本読書新聞の職場に戻ると、大橋さんは編集長に胸の裡《うち》を話した。

「私は父を早くに亡くし、母や祖父に大変な苦労をかけて、女学校を出してもらいました。だから今度は自分が恩返しをしたい。そのために起業して、もっと稼ぎたいのだけれど、戦争中の女学生だったので勉強もろくにしていなくて、あまりにも何も知らなすぎる……。でも、だから逆に思ったのです。自分の知らないことや知りたいことを調べて本にしたら、私より5歳上から5歳下の、合わせて10年間の人たちが喜んで読んでくださるのではないか、と。そういう人たちに向けた出版をやりたいと思うのだけれど、どうでしょうか……。そんなふうに編集長に相談してみたら、『それなら、今ちょうど編集部にみえている花森安治さんに相談してみるといい』と勧めてくださった。それが私と花森さんの出会いでした」

辣腕《らつわん》編集者の花森安治氏はその頃、読書新聞の復刊の手伝いで編集部に出入りしていた。

「ちょっと恐い雰囲気」の彼とは朝晩の挨拶をする程度だった大橋さんだが、このとき思いきって「花森さん、聞いていただきたいことがあります」と声をかけた。そして編集長に話したのと同じことをもう一度話すと、

「『僕も早くに母を肺炎で亡くしている。僕ができなかった分、君のお母さんへの親孝行を手伝ってあげよう』と言ってくださったんです」

このとき大橋鎮子25歳、花森安治34歳。終戦から、わずか2ヵ月後の10月半ばのことである。

「それから、ふたりの話し合いが始まりました。仕事の帰りに、お茶の水のニ

コライ堂の坂の下にあった小さな喫茶店に寄って。花森さんが最初に私に言ったのはこんなことです。

『君がどんな本を作りたいか、僕はまだ知らない。でも、ひとつ約束してほしいことがある。もう二度と、こんな恐ろしい戦争をしない世の中にするためのものを僕は作りたい。日本が軍国主義一色になり、誰もかれもが戦争に突っ込んでいったのは、ひとりひとりが自分の暮らしを大切にしなかったからだと思う。みんなが自分の家庭を何よりも大切にしていたら、戦争にならなかったと思うんだ』。彼のこの言葉に私も『わかります』と応えて、本の方向性をふたりで固めていったんです」

2010年の5月に大橋さんが上梓した『「暮しの手帖」とわたし』の中に、ふたりが決めた出版方針が記されている。〝女の人に役立つ雑誌。暮らしが少しでも楽しく、豊かな気分になる雑誌。なるたけ具体的に、衣・食・住について取り上げる雑誌〟

自分の知らないこと、知りたいことが載っている本を作りたい——。そう思った大橋さんが、当時一番知りたかったことは何ですか？

「まず、おしゃれね。どんなものを着たらいいのかということ。だから最初に作ったのは『スタイルブック』という雑誌で、終戦翌年の5月が創刊でした。新聞に小さな広告を出したんです。〝あなたを宝石のように美しくするスタイルブック〟って、花森さんが考えたコピーです。この広告の出た日に会社へ行くと、なんだか、人がすごく並んでいるんですよね。ビルの3階にあった編集部のドアの前から、ずーっと人が並んでいるのよ、新橋の駅のほうまで。みんなが本を欲しがったんです。私ね、嬉しくて泣いちゃった」

雑誌に載せることは全部、自分たちでやってみる

ファッション誌の先駆けだった『スタイルブック』は、デザイン画だけが載っている18ページの薄い雑誌だが、売れに売れた。創刊資金として、大橋さんの妹が知人から借りた2万円、今なら400万〜500万円というお金も、これならすぐに完済できると思えるほどに。

しかし3冊目を出した頃には、似たような雑誌が早くも30〜40種類も出現し

ていて、売れ行きが低下。そこで大橋さんたちは2年後に、〝衣〟に〝食〟〝住〟を加えた生活総合誌『暮しの手帖』の創刊に踏み切ったのだ。

「最初は売れ行きが芳《かんば》しくなくて、4号を作っているときに花森さんが『みんながアッと驚くような記事を載せなくてはダメだ』と言いだしました。私が思いついたのは、戦後のモノのない時代に元皇族の方々などは、どのように暮らしていらっしゃるのか、それを書いていただけないだろうか、ということです。花森さんに話すと『それはいい企画だ、君が行ってお願いしてきなさい』って。それで、今の天皇陛下のお姉さまに当たる東久邇成子《ひがしくにしげこ》さまにお手紙を差し上げたうえで、麻布の東久邇邸までお願いに伺ったんです」

まこと、恐れを知らぬ編集者魂。しかしそうして東久邇邸に通うこと5～6回目に、成子さまの原稿を頂戴して、大橋さんは意気揚々と編集部に帰ることができた。

「ところが一読した花森さんが『面白くもなんともない。書き直してもらいなさい』って。さすがの私もこれには困り果てました。悩んだ末に麻布のお住まいを訪ねてお願いしたんです。『申しわけありません、私が間違ってお原稿の枚数を少なくお伝えしてしまいました。先日お話しくださった、お庭のはこべを召し上がっていらっしゃる話などをぜひ、お書き足しくださいませんでしょうか』と」

『暮しの手帖』は5号目にして初めて電車に中吊り広告を出した。紅白の四角の中に『特別企画　やりくりの記　東久邇成子』とだけ書いた広告だ。この号が11万7000部、次の6号が13万8000部、特別企画ではずみがついて売り上げを一気に伸ばし、『暮しの手帖』は安定した読者を獲得することができるようになったのだ。

「創刊号から現在まで、うちの編集ポリシーは一貫しているんです。『暮しの手帖』がほかの婦人誌と違うのは、とにかく自分たちで試してみること。たとえば料理のレシピを有名なシェフに教えてもらうと、必ず編集部の人間が原稿を読みながら作る。男の人にも作ってもらう。そして、わかりづらいところの原稿を直す。裁縫でも掃除でも何でもそうです。プロに教えてもらったきりにしないの。

『暮しの手帖』の看板企画である商品テストも、もちろん自分たちで徹底的に行います。花森さんはよく『作っている人たちが命がけで作っているものを評価するのだから、こちらも全力でやるんだ』と話していましたね」

しかし、時代の移り変わりや流行とともに、取り上げる内容も変わっていったのでは？ と聞くと、大橋さんはきっぱりと言った。

「私は雑誌の内容やなんかは、変える必要がないと思ってる。人が生きていく、生活していくということは、そんなに簡単に変わるものじゃないですよ。花森さんが創刊号に書いています。

〈美しいものは、いつの世でもお金やヒマと関係ない　みがかれた感覚と、まいにちの暮しへの、しつかりした眼と、そして絶えず努力する手だけが、一番うつくしいものを、いつも作り上げる〉。本当にその通りだと思う。毎日の暮らしへの、揺るぎない、しっかりした眼。それが、私たちが平和に幸せに暮らすために、一番大切なものなんです」

（2010年6月14日　東京・新宿『暮しの手帖社』にて取材）

私はやっぱり、言葉が好きなの

田辺聖子

作家

ソフトカバーのふっくらとした手触りで、懐かしい花柄だったり、水玉模様だったり。いずれも昔のハンカチの柄をカバーデザインに使った、可愛らしい本である。２００７年の夏に３冊続けて刊行された『言い寄る』『私的生活』『苺をつぶしながら』は、田辺聖子さんの珠玉の恋愛小説３部作だ。

主人公の乃里子は30代のイラストレーター。焦《じ》れる片思い、大人の男との甘美な恋愛を経て、自分を愛してくれる大金持ちの御曹司と結婚する。だが、それは決して幸福なゴールではなかった。女と男の心の微妙なすれ違い、人を愛

田辺聖子さん　Seiko Tanabe

1928年、大阪府生まれ。大阪樟蔭女子専門学校（現・樟蔭女子大学）国文科卒。'64年、『感傷旅行』で芥川賞、'93年、『ひねくれ一茶』で吉川英治文学賞など受賞多数。恋愛小説を主軸に、『新源氏物語』などの古典、『ゆめはるか吉屋信子』などの評伝、エッセイ等、多彩に活躍。2006年に全24巻・別巻の『田辺聖子全集』（集英社）が刊行。'07年の６～８月には『言い寄る』『私的生活』『苺をつぶしながら』の３部作が復刊、'10年には文庫化され（いずれも講談社）、新しい若い読者の熱い支持を集めている。

するせつなさ、離婚してひとり身になった女の気持ち……。30年程前に書かれた小説の新装復刊だが、時代を軽々と超えて現代の私たちに届いた贈り物のよう。そう言うと、

「ほんと？　嬉しいわ。そうなの、今の若い読み手が『この本に書かれているのは、本当に今の私たちそのままですよ』と言ってくれる。それが一番嬉しいのね」

ニコニコと無垢な笑顔の田辺さんが、鈴を転がすような愛らしい声で言った。

「この乃里子の物語は、最初、週刊誌に連載していたときから、たくさんの人が読んでくれたし、いろんな感想を聞かせてくれたし。だから私の物書き人生の中で、とても楽しかった仕事なの。もっとも最後の『苺をつぶしながら』あたりは、大阪の男にはウケが悪かったですけどね。『主人公の女は離婚して気持ちよさそうに暮らしてるけど、あれ、男いらん、いう小説やないか。けったくそ悪うてなぁ』なんて、お酒飲んだら、そういう本音が出てました（笑）」

そのときのお酒の相手は、やっぱり〝カモカのおっちゃん〟だろうか。

田辺さんのエッセイでおなじみの〝カモカのおっちゃん〟は、２００２年に

亡くなった夫の川野純夫《かわのすみお》さんがモデルである。作家デビューの2年後、38歳のときに彼と出会い、共に生活した36年間の歳月に、田辺さんは２５０冊にも及ぶ作品のほとんどを書いている。〝おっちゃん〟との暮らしが、作家活動の礎《いしずえ》となったのだ。ふたりのその結婚生活は、ちょっと風変わりな始まり方であったのだけれども。

究極の男の魅力は、おしゃべりなこと！

田辺さんは昭和39年、36歳のときに『感傷旅行《センチメンタル・ジャーニィ》』で第50回芥川賞を受賞した。そもそもが文学少女。生家は大阪のハイカラな写真館で、田辺さん親子のほかに曾祖母や祖父母、叔父や叔母たち、写真技術見習いの青年やお手伝いさんまでが一つ屋根の下に暮らす大所帯。だから雑誌や本が溢れていて、幼い聖子さんは片っ端からそれを読んだのだ。自分で物語も書き、学校の友達に回覧していたという。

終戦の年に父が病死し、弟や妹の学費を捻出するために、樟蔭女子専門学校・国文科を卒業するとすぐに金物問屋に就職した。事務員として7年間働いたが、この頃から少しずつ小説の習作を書き始めている。弟も妹も働きだすと田辺さんは問屋を退職して、家事を一手に引き受けることを条件に執筆に専念した。そうして雑誌などの懸賞小説にせっせと応募を続けたことが、芥川賞受賞へと実を結んだ。

「同じ年に直木賞候補だったのが、知人の川野彰子でした。神戸の開業医の夫人で、4人の子を持つ母でありながら、プロの作家として活躍していたすごい人。近くに作家仲間がいて嬉しいなと思っていたところが、突然彼女が死んじゃって、哀しくて寂しくて……」

文学関係の会があるたびに顔を合わせ、飲んで喋って親しくなった友だった。その人が劇症肝炎で急逝したとき、田辺さんは新聞や雑誌に追悼文をいくつも書いた。するとある日、彼女の夫であった〝おっちゃん〟が御礼がてら、田辺さんを訪ねてきた。

「向こうは子どもがいっぱいいますからね、『大変でしょう、毎日毎日』と声をかけると、『そりゃもう、泣きっ面に蜂ですわ。ははは』って笑ってるの。

それでまたそいつが、よう口の回るやつでね、『それよりも、あんたのほうが大事や。真っ青な顔になってるやないか、気色悪い』と逆に言われてしまった」

デビューしたての受賞作家ゆえ、田辺さんには仕事の依頼が殺到していて、断れば次はないと思った彼女はその頃、昼も夜もなしに家の中で書きっぱなしの状態だった。

「『顔色悪いから、ちょっとお日様に裏表干さにゃいかん』なんて、人のことを布団みたいに言って。でも、まぁ、彼は医者ですから当たってるところもあるやろなと思って、その後、言われるままに自動車であちこち連れて行かれてたんです」

ドライブである。つまりデート。

「あの頃はまだ、そんなにどこの家でも自家用車のある時代じゃなかったし」

まるで車に惹かれたようなことを言うけれど、もちろんそんなわけはなく、

「うん、あのね、話が合ったの。おっちゃんは面白かったし、ふたりとも戦中派やから、戦争のこと話してると尽きないわけですよ。ほんと、ようしゃべったわ。会話が途切れなかったものね、36年間連れ添っても」

だが、プロポーズされたとき、田辺さんは逡巡した。ようやく念願の小説家になって、さぁこれから、という大切な時期なのだ。

「結婚したら小説も家庭も中途半端になる、私がそう言ったらおっちゃんは『中途半端が2つ寄って、合わせたら、人生満タンになるの違いますか』って」

先天性股関節脱臼で脚がやや不自由な田辺さんが家事へのさしさわりを心配すると、「一緒に酒飲むのに、なんの不都合もあらへん」と彼はそう言った。奄美大島の出身で、豪《ごう》放《ほう》磊《らい》落《らく》。大きなからだに、いつもチャーミングな笑顔をのせている〝おっちゃん〟のことを、田辺さんはあるインタビューで「自分も相手も救われる言葉をさらりと言える人」と表現している。

それにしても先方には当時中学2年を筆頭に4人の子がいた。そればかりか、舅《しゅうと》、姑《しゅうとめ》、夫の弟妹と計11人の大所帯なのだ。一方、当時の田辺さんは母とふたり暮らし。当然、その静かな生活のほうが執筆に集中できる、作家活動には向いている、と思われるのだが。

「でもね、母とふたりの暮らしやったら、書くもんが狭まっていったと思う。おっちゃんとおったら、男の世界、大家族の世界、子どもたちの世界……おっちゃんがいろんな世界を見せてくれると思ったの。第一、一緒にいると楽しかった。毎晩ふたりでお酒を飲みながら話すのも楽しいし、それから、おっちゃんはわりかし、私の文学仲間なんかの中に入っても平気なの。男の中にはね、『嫁はんの仲間入らへんし』言うやつ、おるねん。ところがおっちゃんは面白がって入ってきてね、全然見当はずれなこと言うから、みんなが腹抱えて笑ってると『おもろいか？　どういうふうにおもろい？』って嬉しそうにしてる。恥ずかしいとか、馬鹿にされるとか全然思わずに、しゃべる、しゃべる、あの人。男はしゃべらないとダメよね。そう、私はついにね、発見した。一番究極の男の魅力は、おしゃべりなこと。本で読んだ知識だけのおしゃべりはあかんのよ。しゃべりの中に、自分の人生がちゃんと裏打ちされている。それが究極のいい男」

〝かわいそう〟は〝愛してる〟の裏返しなんやね

こうして大家族の中に身を投じて、田辺さんの生活はがらりと変わった。

「朝ごはんをちゃんと食べておれば、大人は不倫せえへんし、子どもは非行に走らんのじゃ」という夫の言葉にのっとって、徹夜仕事の翌朝も必ず家族と同じ食卓につき、学校へ行く子どもたちを見送った。中には「体操着に赤いゼッケン、貼り付けて！」と登校の直前に言い出す子もいて、「なんで昨日、言えへんの」とぶつくさ言いながらも、田辺さんは自分の赤いブラウスを切り取って縫いつけたりした。姑が鍋いっぱい煮る奄美料理の豚足に、「わーい！　これ大好き！」と子どもたちと一緒にしゃぶりついた。仕事場で執筆していると、裏手の診療所の会話が丸聞こえだった。「先生、うちの息子が昨晩も帰りよらしまへんねん」「そら、若いときはいろいろあるがな」「そいでな、先生な……」患者の話を聞くことも「医療のうちや」が夫の口癖だった。

そんな日々の中で、田辺さんはたくさんの小説を書いた。ロマン溢れる時代小説や、砂糖菓子みたいにふわふわしたボーイミーツガールの物語を。それらが甘さや口当たりの良さだけでなく、しみじみと胸に染みるうまみを含んでいるのは、〝おっちゃん〟や家族との暮らしで、田辺さんが栄養豊かなものをたっぷり吸収していたからに他ならない。

最愛の夫は77歳で脳血管障害で亡くなった。最後の3年間、田辺さんは介護に明け暮れた。ある日、横になっている彼のおだやかな顔を見ているうちに、自然に涙がこみ上げてきた。すると〝おっちゃん〟は妻の顔を見上げて、「かわいそに、ワシはあんたの、味方やで」と川柳みたいに語句を切って、わざとユーモラスな調子で言い、笑わせたという。「〝かわいそう〟って、上から下を見下す悪い言葉のようだけれど。『お互い人間どうし、大変なことが多いよねえ。〝ごくろうはん〟』って、そんな意味が込められることもあるのね。病床のおっちゃんの言葉は、『あんたをずっと守るで』ということやったんやろうなあ。〝かわいそう〟は〝愛してる〟の裏返しなんやね」

世の中、「この道通り抜けられます」の札が必ず掛かってる

「だから、私は言葉が好き。言葉は人が生きていくための、助けになってくれるから。自分の良さや、まわりの人たちの良さや、人生は捨てたもんじゃないって気づくための、力になってくれるから。言葉をたくさん知っていないとダ

メですよ。そのために、若い人にはもっともっと本を読んでほしい。本を読むと未知の言葉に出会うでしょう？　よく知っている言葉でも、さっきの〝かわいそう〟みたいに、『ああ、こういうふうにも使われるのか』っていう新たな気づきがある。

言葉をたくさん知ると考え方に幅と深さが出るから、自分に自信が持てるようになるの。『私はぶんむくれている人をこっちに向かせるようなことが、わりに嫌いじゃない』とかね、それまで気づかなかった長所を知って、自分を好きになれる。自分に自信が持てる。それに本を読むことで光のような言葉や台詞に出会って、『あ、こういう発想でいけば、お先まっくらなときでも、あるいはまたヨロヨロと立ち上がって杖になる木を探して、なんとか歩いていけるかもしれない』と思えることだって、きっとたくさんある」

少女のような笑顔で、田辺さんが話を続ける。

「なんか、世の中には『この道、通り抜けられます』の札が必ず掛かってると思うのね。本を読んで、いろんな言葉や考え方を知って、その札を探して。なかったら、自分で書いて掛けたらええねん、と思うけど」

札を自分で書いてしまう！

「そうそう。『通り抜けられます』と書いた札をポンと放り投げて、木の枝に引っ掛けて、それ見て前に進んだらええねん。大事なのは信念ね。自分を信じること。『私がそう言うんだから道は開ける』って思うこと。実際、きっとそうなんだと思うしね」

（2007年9月12日　大阪市の自宅にて取材）

急がないで「今」を生きましょうよ

佐藤初女

『森のイスキア』主宰

雪に埋もれた1月の青森。佐藤初女《はつめ》さんを訪ねたのは2006年、正月休みの明けた頃だった。弘前市内から車で40分ほどの岩木山の麓《ふもと》に、彼女が主宰する『森のイスキア』がある。そこで会う約束……と思い込んで向かったのは、山麓の雪深さを知らぬ愚行であった。〃この先、通行止め〃で封鎖された道をUターン。豪雪のために冬場は『森のイスキア』はお休みで、初女さんが待っているのは、自宅でもある弘前市内の『弘前イスキア』だったのだ。

結局、予定を1時間近くも遅れての到着となってしまった。多忙な人を待た

佐藤初女さん　Hatsume Sato

1921年、青森県生まれ。結婚後、育児のかたわら、自宅でろうけつ染め教室『弘前染色工房』を開く。53歳で夫と死別してから、奉仕の道に生きることを決め、悩みを抱えた人たちを受け入れる活動を開始。'83年、自宅で『弘前イスキア』を開設。'92年、岩木山の麓に『森のイスキア』を創る。'95年に映画『地球交響曲　第二番』でその活動が紹介され、〝初女さん〟と彼女のにぎる〝おむすび〟が全国的に知られることに。大人のための料理絵本『初女さんのおむすび』（木戸出版）など著書多数。2016年２月１日没。享年94歳。

せてしまい、気分を害しているかもしれない……。だが出迎えてくれた初女さんは、津軽弁の、ゆったりと歌うようなイントネーションで言った。

「岩木山へ行ってしまったの？　雪がすごかったでしょ。道、通れましたか。でも、まぁ、見られない風景を見られてよかったね」

大きな優しい目がふわっと微笑んだ。

子供がいるなら、離婚しないでください

「朝ごはん、まだでしょう？　まずは食べてくださいね」

食事どきになると来客に手作りの料理をふるまうのが、初女さんの常。座卓の上に次々とお皿が並んでいく。ごぼうの煮物。赤かぶの漬物。白菜漬け。この3品が取り回し鉢で、あとは銘々に付くおかずだ。山芋の白く細いせん切りに、黄菊のおひたしを添えたもの。数の子の松前漬けの小鉢。カリッと焼いた塩鮭には可愛らしい干し柿が添えてある。ふっくらとしたごはん。最後に大きな椀にたっぷりと注がれたのは、粕入りのおみおつけだった。

「寒いから、酒粕を入れたほうが体が温まると思って。どうぞ、召し上がってください」

こっくりとしたみそ汁が心身に沁みわたる。ごはんが甘い。ごぼうはコリッと歯ごたえがあって、土の香りがなんともなつかしい。

「そうですか、ごぼうがおいしいですか。うちにおいでになって食べる方、みなさん、そう言うの。だから暮れからずっと、お正月も、毎日切らさずにこれを作っていたんです」

映画『地球交響曲《ガイアシンフォニー》　第二番』や、書籍、雑誌の記事などで知っている人も多いだろう。初女さんのもとには心に苦しみを抱える人や、人生に疲れた人たちが日本全国からやってくる。彼女はそうした人たちを受け入れて話を聞く。ただ聞くだけで解決策を教えるようなことはしない。それでも人は話を聞いてもらい、初女さんの作ったごはんをご馳走になると、そのうち自分自身で〝答え〟を見つけて、帰っていくのだという。

「春から秋にかけては『森のイスキア』で、いらした方とお会いします。あそこは広いから、遠方から来た方は宿泊もできますから。冬に来る方は普通はどこかに泊まってもらって、この『弘前イスキア』でお会いしているんです。でも、こないだ来た方はね、特別でした。山口の方で息子さんが19歳で自死して、それは母親である自分の責任ではないか、ということで大変苦しんでいたんです。何しろ事件があって1週間目に私はその方と会ったわけ。大変なときだったから特別にここに泊めて。3日泊めてね。で、話をじっくり聞いてみれば、まったく、その哀しい事件は、両親のしてきたことの結果だということがわかったのね。息子さんは10歳のときから学校へ行かなくなって、とうとうそのまま終わったんだそうです。それでよくよく聞けば、彼が10歳のときに両親が別居しているのよね。だから思うんです。大人は『性格が合いません』なんて簡単に別居や離婚をするけれど、子供にすれば小さな胸をどれだけ痛めているかわからない。そこまで気づいていないみたいなんです、お母さんが。その山口の方も最初はそうでした」

でも初女さんに会って、それに気づいた?

「そうそう。自分が自分で感じるんですね。それはやっぱり私に話をすることで、自分が〝受け入れられた〟という安心感を持つからなのよ。安心して、心の内にあるものを話して話して話して……。そうして話しているうちに、いつの間にか〝自分が悪かった〟というところへ気持ちが動きます。で、そうなると『これからどうしたらいいんでしょう？』となるんですね。道が生まれるのです。

こないだ泊まった山口の方もそうでした。その方の場合は私、はっきり言いましたよ。『息子さんが10歳のときに学校に行かなくなったのは、あなたがた両親にメッセージを伝えているんですよ。それで今度は自分の命を捨てて、あなたがたが仲良くしてくれるように伝えたと思います』と。だってその方、息子さんとふたりでいればいいと思って、ずっと別居していたけれどね、息子さんが亡くなったときにご主人を呼んで、遺体の検死や何かに立ち会ってもらった。今は一緒にいるというんですもの。だから別れなきゃ別れなくてもいいようなものだったんですよ。わがまま。忍耐力がなかったんですね」

ここ数年、初女さんのところへ離婚の相談に来る人がとても増えているという。そのことと、昨今の子供にまつわる犯罪や自殺の多さは決して無関係ではない。そう、彼女は身に沁みて感じている。

「大切なものが見えにくくなっているのね。時間がないからとコンビニのおむすびで食事をすませたりして、今はみんな、急ぐでしょう? 急いでばかりいるから、自分の本来の心を見失っているのかもしれないですよね」

東京の吉屋信子に送った、函館のスズラン

8人兄弟の長女で、初めての女の子だから〝初女〟さん。結婚前の名前は〝神《じん》初女〟という。清らかで美しい名前である。

「子供の頃? よく誉められてましたね。叱られるの、いやだった。今でもいやだけれど(笑)。一番上だから、いつもいいお姉ちゃんでなきゃ駄目なんです。だからいい子になっていました」

4歳か5歳のときだった。よく泊まりにいっていた青森の祖母の家で鐘の音を聞いた。早朝、昼、夜の一日3回。

「雪に覆われた冬の朝、布団の中で聞く鐘の音は、なんとも神秘的でした。本当に、神秘としか言いようのない音で。この音はどこからくるのだろう? と

子供心に思いました。誰が鳴らしているんだろう？って」

鐘は近所のカソリック教会から聞こえてくるものだった。興味を持って教会の前に佇《たたず》んだりもしてみたが、中から人が出てくる気配はなかった。以来ずっと、少女の心に神秘の鐘の音が鳴り響くことになる。

父は手広く運送業を営む実業家で、弘前市に17代続く士族の家柄だった。しかし初女さんいわく「いつでも夢を追いかけるタイプの人」で、知人に頼まれて保証人になったことが原因で、家も財産も手放さなければいけない窮地に追い込まれた。初女さんが13歳のときに、一家は青森から函館へ移住。彼女は函館山の中腹にある女学校へ進学する。

「春にはクローバーの絨毯ができて、ロシア系の正教会やフランス系のカソリック教会がある異国めいた場所でした。学校の帰りに友達と、教会の扉の中をのぞき込んだりして。教会の高い塔の裏の崖にルルドのマリア像がひっそりと建っていて、見上げると敬虔な気持ちになったものです。私は文学の才能がまるでないのだけれど、友達はみんな文学少女なの。その頃、吉屋信子の少女小説が流行《はや》っていて、私たち、夢中で読んだんです。それであるとき、私はスズランの花を東京の吉屋信子さんに送ったんですよ。そしたらご本人から、丁寧なお礼状が届いて、もう大喜び。みんなに見せて、うきうきしていたんです」

どうしてスズランを送ろうと？

「函館の初夏の香りを届けたかったの。でも大変でしたよ、まだビニール製品が出てないときですから。水を吸わせるように湿らせた紙で包んで、箱に空気穴を開けて、郵便で。今のような便利な包装はできませんでしたもの。とにかく憧れの人でしたから、スズランを送って、お手紙がきて、これで交流を持てたから次に進むにはどうしたらいいかな、って友達と相談して。『女史の家の前で倒れれば、介抱して、家の中に入れてくれるんではないか』とか、そういう相談してるのよ」

鳥たちのさえずりにも似た賑やかな声が聞こえてくるよう。しかし、そんな幸福な時も長くは続かなかった。家が困窮していく様をつぶさに見ていた彼女は、大きな不安と苦しみを体全体で受け止めていたのだろう。16歳という多感な時期に突然、咳とともに喀血《かっけつ》する。肺浸潤という病気に冒されていた。

「寝たきりというわけではないけれど、具合の悪いときは登校途中で血を吐いて、電信柱につかまって休みながら学校へ行くという状態。授業が受けられず、静養室で寝ていることもしばしばでした。〝故郷の青森に帰れば病も治る〟という祖母の強い希望で、函館の女学校を休学して青森へ帰ったんです。すると祖母の家の近所に、修道会を母体とする学校がちょうど創設されるところでしたので、両親に頼み込んで、そこに入学しました。

戦争中でシスターたちとも宗教の話はできませんでしたけど、私は信仰の世界を求めて、その学校に入ったんです。だからひとりで隠れるようにして、学校の隣にある修道院で祈りの勉強をしていたの」

女学校を卒業後、初女さんは小学校の教員になった。しかし病を抱えたままの体でたびたび学校を休むので、どんな症状なのか、どれぐらいの期間休むのかを確認してお役所に届けるために、校長が頻繁にお見舞いにやってくる。当然のことながら二人で話す機会が多くなるわけで、前妻を同じ病で失っていた佐藤校長が初女さんに求婚したのも、自然な成り行きだったのかもしれない。夫、50歳。妻、24歳。26歳も年齢差のある二人は、猛反対する周囲の人になんとか理解してもらって結ばれたのだった。

注射や薬では、体も心も治らない

前妻との間の3人の子供と、あまり年齢が変わらない新妻。だが、「兄弟姉妹のような気持ちで接していればいい」という恩師のアドバイスを得て、初女さんの新婚生活はなかなかうまくいっていたようだ。そのうちに自身も身籠《みご》もった。体がまだ小康状態なので、「このままでは母子ともに危険な状態になるかもしれない」と中絶をすすめられたが、彼女は自分の体の中から聞こえてきた〝大丈夫だよ〟という声を信じて27歳で長男を出産する。

「病気も徐々に回復に向かっていたんだと思います。長男を生んだ翌年には、前から興味を持っていた染色を習い始めたし。夫の許しを得て、33歳でカソリックの洗礼も受けています。そうして、完全な健康体になったと感じたのは35歳のとき。実に19年間にも及ぶ長い闘病生活だったけれど、その代わりに大事なことがわかりました。私ね、途中から、注射や薬をやめたんですよ。これでは、いつまでたっても良くならないと感じたから。『病気なのに、どうして薬を飲まなかったんですか』と今もよく人から聞かれますけど、『いや、おいしくないからです』って。いや、ほんと、薬や注射が体に入ってきても、さほど感じないんですよ。だけど炊きたてのごはんや旬の食べ物をおいしくいただくと、細胞が躍動して、体のすみずみにまでエネルギーを行き渡らせてくれる、そんな感じがするでしょう？　病気のときにそれを実感したんです。だから食べることで治そう、健康になろうと思ったんですね。

タンパク質が何%入ってるとか、ビタミンがどうとか、そういうことではないんです。ご馳走というのでもなく。要は目の前にあるこの食材を、どのように生かして作るか、っていうこと。自然の食材にはどんなものにでも、かけがえのない命が宿っているんです。食べるというのは、その命をいただくこと。同じ野菜でも季節によって、香り、味わい、水分量、甘みなどが違うでしょ。その尊い食材の命を生かすように調理して、おいしくいただくことで、人も生かされるんだと思うの。だから私の作るもの、ごぼうもそうですけど、たいがい硬いのよね。硬さを生かして食べたほうが、おいしいと思うからです」

自分のため、家族のため、人のために、初女さんはおいしい料理を作り続けた。37歳でろうけつ染め教室『弘前染色工房』を自宅に開いた彼女だが、それ以前から世話好きで心優しい初女さんのまわりには自然と人が集まっていたという。相談事や悩み事を抱えて遠方から訪ねてくる人もあった。彼らの話を聞き、食事どきになれば料理をこしらえ、一緒にごはんを食べる。泊まっていく人もいた。当時から今と変わらぬようなことをしていたのである。

「それはね、きっかけがあるんです。50歳の頃でした。神父さんがミサでおっしゃったこと――『奉仕のない人生には意味がない。奉仕には犠牲が伴うものです。犠牲の伴わない奉仕は真の奉仕ではない』というお話があって。その帰り道に私は、〝自分にはいったい何ができるのだろう〟と、ずうっと考えながら急いで歩いていました。

忘れもしません。とある交差点に来たときに、〝私には特別な才能も財力もない。でも心はある。心は汲めども汲めども尽きることがない。私は心で仕えよう！〟――そう気づいたんです。そのときの嬉しかった思いは例えようがありません。私の中で心が一回転したような、それは大きな喜びでした。

53歳のときに夫が亡くなると、いよいよこれからは本格的に奉仕に生きよう、と思うようになりました。もっと人が泊まれるようにと考えていたとき、活動を理解して賛同してくださった方が2階2間を増築してくださって、『弘前イスキア』を開いたんです。62歳のときでした」

その9年後の'92年には、初女さんに助けられた人、彼女の活動に共鳴する人たちからの大きな資金援助があり、岩木山の麓に『森のイスキア』が誕生している。多くの悩める人々が自然の中でゆっくりとおいしいものを食べ、温泉につかって、心と体を解放できる場所。それを創るのは、初女さんの長年の夢だった。

ラクを喜んでいるうちに、自分の機能が退化していく

それにしても、食べる物を自分で作らない人が増えている。市販のお総菜を買ったり、レトルト食品ですませることが日常的になり、幼い子供を栄養バランス食品とサプリメントで育てている母親もいると聞く。

「料理の本でも5分でできるスピードおかずとか、そんなのが人気だっていいますよね。もっとこうやればラクだから、もっとラクだからという方向へ、み

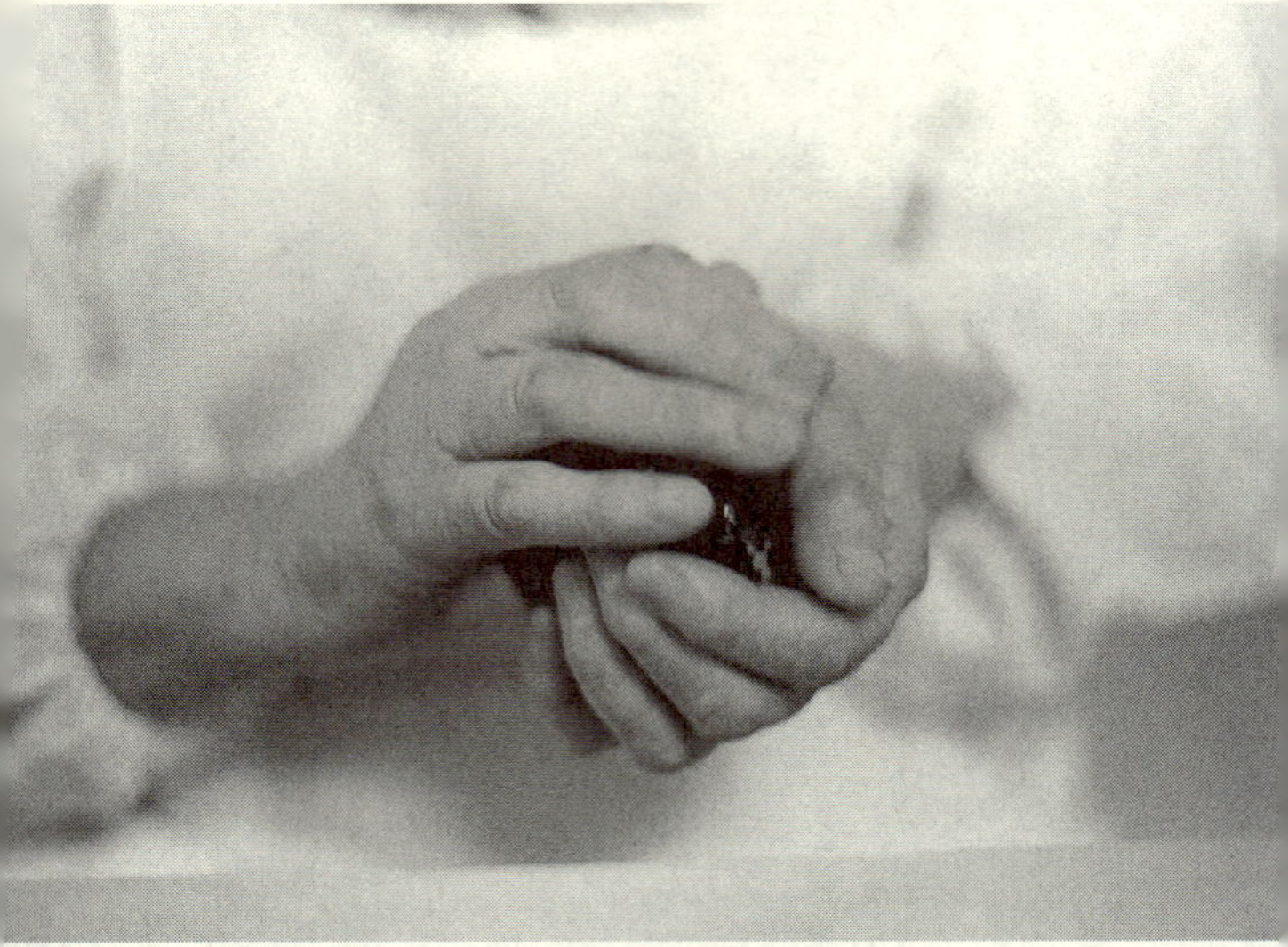

料理をしないと、手が使えなくなる。
神様からいただいた機能を使わないで、
どうするんだろうって私は思うの。

んなが向いているようですが……。料理をしなければラクだけれど、この（と、両手をこすりあわせて）神様からいただいている機能を使わないでどうするんだろう？って私は思う。ラクだ、ラクだ、と言っているうちに、自分の機能を錆《さび》つかせて自分を退化させているように思うんです」

ラクをしたい。それに、調理などにかけていた時間を短縮できると、その空いた時間で別のことができるからいい、と考えがちだけれど。

「それは違う。だって、そうしてできた時間でする別のことって、たいてい頭だけを使うことでしょう。頭で考えたことはパズルのように〝これをこうして、ここに当てはめればいいのよね〟って、ちゃんと答えが出るんですよ。でも、私たちの生きている現実の生活はそうはいかないの。頭だけでは生きられないの。だからみんな、悩むんですよ」

確かに初女さんの言うとおり、人間関係も、仕事の進め方も、自分の生き方も、頭で考えた〝パーフェクトな答え〟通りにはいかない。

「みんな、頭ばかりをたくさん使って、体や心のことを疎《おろそ》かにしてるのよね。だけど体と心と頭がちぐはぐだと、うまくは生きられないですよ。車にばかり乗っていないで、足で歩くことが大切なんですよ。料理もそう。大根の皮をむくのに、皮むき器を使えば早くてラクだと頭で考える。でもそうすると包丁が使えなくなる。手がどんどん使えなくなる。私は皮むき器、使ったことがないの。大根が痛がる気がしてね。なんでも手でやるから、料理に時間がかかるんです。だけどたとえば、ごぼうに早く味を染みこませようとして強火で煮ていたら、歯ごたえも香りもなくなってしまうんですよ。私の場合は煮る時間こそ短めだけれど、火からおろしてから時間をおくんです。煮物は冷めるときにこそ、食材が味を含んでおいしくなるから。それにそのほうが歯ごたえも香りも生きる。そうしてゆっくりと丁寧に作ったものと、急いで作ったものとでは、味の違いは歴然です。おいしいと感じて、体に力が湧く料理を作るには、決して急いではいけないんですよ」

どうして、私たちは日々をこんなに急ぐようになってしまったのでしょう？

「乗り遅れるからだって（笑）。そういうことを言う人が多いですよ。だけど、ただただ急いで結果を見ようとしても、見られないですよ。なんにも残っていないのよね、実は」

こんな時代に急がないこともできますか。

「それはやっぱり、先ばかり見ないで今を生きることではないでしょうか。青い鳥ではないけれど、幸せは今、ここにあるんですよ。

あのね、私はおむすびをよく作るんだけど、『すごくおいしい。今までコンビニのおむすびしか食べたことがなかった』っていう人、多いんですよね。お母さんの作ったおむすびを食べたことがないって言うの。それで思うんです。今の時代、男性であっても女性であっても、どんなに立派な人でも、有名な人でもね、みんなが〝お母さん〟を求めているんじゃないかしら。〝お母さん〟って、つまり母性愛よね。耐え難きを耐え、許し難きを許す、豊かで大きな心ですよ。女性ならみんな、母性愛を持っているはずだけれど、それを外に出すのが難しい。だから料理が苦手な奥さんでも、試しに家族におむすびを作ることから始めてみたらどうですか。一番力になるし、食べると心がホッと落ち着くし、子供たちも好みますよ。昔から、そうだったもの。神様からいただいた自分の手を使って、おむすびを作ってみませんか？」

（2006年1月10日　青森県・弘前「弘前イスキア」にて取材）

今の幸せは、たくさん苦労したおかげなの

春日とよせい吉

小唄師匠、
置屋『初音家』元女将

苦手だという写真撮影が終わると、

「美人に撮ってくださいね。あ、もう撮っちゃったか、はははは。じゃあ、美人に修整してよ。はははは」

見事な明るさでこう言って、周囲を笑わせた。春日とよせい吉《よし》師匠は本名を美代子さんといい、芸者時代は〝小美代姐さん〟で通っていた粋筋だ。小唄の弟子である群ようこさんが、師匠をモデルにした『小美代姐さん花乱万丈《からんばんじょう》』というユーモアに溢れた作品を書いている。本に描かれている怒濤の半生は？

春日とよせい吉さん Toyoseiyoshi Kasuga

1926年（大正14年）、東京・浅草の長屋に生まれる。14歳で『初音家』の芸者となる。'41年の太平洋戦争勃発と同時に、花柳界が廃業を余儀なくされて失業。知人のつてでOLになるが、早々に退職。激しい戦火を生き延びて、終戦後、結婚。１女１男をもうける。20代後半で浅草の置屋に身を置き、芸者として再出発。最初にお世話になり、すでに廃業していた『初音家』の屋号を譲り受け、'56年、自ら置屋の女将となる。2016年現在も浅草の自宅にて、小唄、三味線を弟子たちに教え、「小唄とよせい吉会」も毎年開催している。

「ええ、全部実話ですよ。あの通り、すっごい苦労してるんですけど、苦労したおかげで結果がみんなよくなってるのよね」

姿勢のよい正座を崩すことなく、どーんと構えた大らかさで美代子さんは微笑んだ。

「あたし、芸者になります」って小学校で決めたんです

生まれも育ちも浅草。見番《けんばん》（芸者衆を管理する場所）に勤める父、柳腰で絵に描いたような美人だった母。美代子さんは1貫300目（約4900g）もある元気な赤ん坊だったが、生まれつき右手がうまく利かなかった。

「見た目はなんともないから、言わなきゃ人にはまったく気づかれないんですけど。ほら、こうやって指を開いてやらないと、三味線のばちも握れないの。右手は指を自分から開くことができないんです。母もなんとなくそのことに気づいていて、それで早くからお稽古に上《あ》がらせたんじゃないかと思うのよねぇ」

できるだけ手を使わせようとしたのだろうか、母は美代子さんが7〜8歳の

頃から長唄と三味線の稽古に通わせた。

「厳しかったんですよ、母が。家でさらっていると『なんで三味線の調子が合わないんだ。それ覚えないと、お団子やらないよ』って」

しかしそうして一所懸命励んだせいで、三味線の腕はめきめき上がった。一方、学校は、

「大っ嫌い。『先生、私、手が利かないの』と言っても、怠け心があるから運針や運動ができないんだって、ピシャッと手を叩かれたりするんだもの」

小学校卒業の年に、将来の夢を担任に聞かれると、進学する気になれなかった彼女は思わず言った、「あたしは芸者になります」。

「クラスのみんな、びっくりしましたよ。でも本心だったの。母がからだが弱かったので、家事に加えて、年の離れた弟や妹の面倒も私が見ていたんですけどね。夕方、浅草寺《せんそうじ》の観音さんのところで弟たちと遊んでいると、芸者衆がいっぱい通ってね、きれいなんですよ。日本髪結《ゆ》って。いいなぁ、すてきだなぁと憧れて見ていたのよね」

母は猛反対した。「芸者になったら、結婚できないんだよ」と泣き崩れた。

父は「芸者にもピンからキリまである。芸で勝負する芸者になるのなら、それもよいではないか」とわかってくれた。花柳界には、父が柳橋（浅草橋）に勤めていれば、娘はよそで芸者にならなければならないという決まりがある。それで美代子さんは芳町《よしちょう》（人形町）の『初音家』という、格の高い置屋《おきや》に入った。三味線などの芸に長《た》けているうえに、からだも大人並みに大きかったので、14歳でお座敷に上がった。

「（お座敷で）チントンシャンするのは楽しかったけど、『初音家』は芸者の躾に厳しいことで有名で、座り方から箸の上げ下げまで、それは厳しく仕込まれました。ごはんをいただくときも、しゃもじに1杯よそって、その上から少しよそって、と茶碗に盛る量まで決められているんです。おかずは細いめざしが2本と、しっぽのところばかりのお新香。それで『たんと召し上がれ』って、何がたんとだ（笑）。芸者がぶくぶく太ってはみっともないって言うんだけれど、育ち盛りだから、お腹がすいてすいてしょうがなかったですよ」

三味線のほうも、その頃は超一流のプロが通う、杵屋《きねや》栄蔵師匠に稽古をつけてもらっていた。こちらの厳しさも半端ではない。

「子供は弟子にとらないということで、私が最年少だったんですけどね。待ち時間に雑誌を読んでいた近所の若旦那に、『きみ、なんで雑誌なんか読んでるんだ。うちに入った瞬間からお稽古じゃないか。いいよ、もうやめてくれ』と師匠が烈火のごとく怒って。若旦那を無視して私に『はい、きみ、お稽古』と声をかけるのよ。怖かったですねぇ。初めての唄でも師匠について3回弾いたら、4回目はひとりで全部弾けなければならない。できないと『なんでできないんだ！』と怒られる。前の人がお稽古をつけてもらっていたのを、さんざん聴いているだろう、っていうわけね」

いろんな苦労をしたけど、何よりも恐ろしかったのは戦争

「『初音家』には、もうちょっとで5年間の年季奉公が終わる、っていうところまでいたのかな。やめた理由？　戦争ですよ。太平洋戦争が始まって、花柳界全体が廃業になっちゃったのよ。ひどかったですよ、戦争は。ありとあらゆることを経験しました。移る家、移る家、全部焼け出されて。爆弾で狙われま

した。焼夷弾で狙われました。機銃掃射《きじゅうそうしゃ》って知ってる？　飛行機がスーッと降りてきて、バババババッって機関銃で撃たれるの。そうねぇ、家の屋根ぐらいまで降りてきますよ、うそみたいでしょ。怖いですよ。だって顔が見えるんだもの。飛行機に乗ってる人の顔が見えて、笑ってるんですよ。こんちきしょう、って思うわよ。笑いながらバババババーッって撃つのよ。お米の買い出しに行ってるときに空襲にあって、飛行機がスーッと下がってきたから、母の手を引いて竹藪に逃げ込んだの。そしたら母が転んで、私も一緒になって転んじゃったのね。その瞬間、ババババ――ッ、すごい、わあぁ、すごい。頭の上ですごい音がして、あたりが砂埃でなんにも見えない。ブ――――と飛行機が上がっていく音。それでウーンウーンウーンと遠くへ行っちゃった感じ。顔を上げて、あぁよかった、って。見ると、私たちの1メートル先のところにポンポンポンと機関銃を撃った穴が開いてるの。『あれぇ〜〜、よかったね。お母ちゃん、私たち転ばないで行ってたら命失ってたね』って胸をホッとなでおろしたんです」

あるときは「あなたたちはよそへ行ってくださいよ」と美代子さん一家が入

れてもらえなかった防空壕が爆撃されて、「ああ、よかった。いじわるされたせいで私たちは助かった」ということもあったそうだ。

「ほんとに戦争は恐ろしいですよ。でもこんなのごく一部ですから。すべてを記録に残しておいたほうがいいと言う人もいるけれど、体験していない人にいくら話しても伝わらないんじゃないかしら。どうでしょうねぇ？」

しかしこの戦争を機に、美代子さんは幼い頃の初恋の相手と結ばれてもいる。11歳上の浩さんは、かつて美代子さんの家の近所に奉公に来ていた人。しばらくは仕事やお稽古に忙しい彼女のもとへ、浩さんがたまに「みよちゃん、元気？」と葉書をくれる程度の関係だった。それが、戦争で負傷した彼をお見舞いに行くと、久しぶりに会った美代子さんのあか抜けた姿に、浩さんがすっかり参ってしまったらしい。〝傷痍《しょうい》軍人が相模原から水戸の病院へ移ることになり、上野駅で1時間の空き時間がある。ついては駅の待合室でぜひお会いしたい〟と彼が手紙をよこした。

「もう、大変ですよ。私はいつも着物で、洋服なんか着たことなかったんだけど、なんとか洋服こしらえて。高靴なんて履いたことないのに、あ、ヒールって言うの？　白のこんな高いヒール靴はいて。それで、駅に少し早く着いたので、彼は全身打撲で松葉杖をついてますから、汽車の発着ホームで待っていたんです。そうすれば私が手を貸せるから。なのに、来ない。いくら待っても来ない。そのうちに傷痍軍人の点呼が始まって、今にも汽車が出てしまいそうな気配で。『どうしちゃったんだろう』とハラハラしていると、そこへ向こうから松葉杖をついて、マラリアでやられた目に黒いサングラスをかけて彼がやってきたんです。私はもう、すっ飛んで行って。靴が脱げちゃったけど、すっ飛んで行って。むこうもすっ飛んで来て。ホームの真ん中でガシッと抱き合って、お互い泣きながら『どうして待合室で待っていなかったんだっ！　探してもいないから、僕は君の家まで行ってきたんだよ』『ごめんなさーい！』って、これ、大ラブシーンよねぇ。その瞬間にリーンと発車のベルが鳴って、軍服を着た人が来て『なにしとるか！』って離されて、どんどん連れて行かれてさ、汽車に乗っちゃった。窓から手だけ出して、ちぎれそうなほど手を振ってくれたわ。私も『ひろしさ〜ん！』って大声出しちゃって、わんわん泣いちゃって。で、とうとう行っちゃった。ふと気がつくと、見送りにきた家族がみんなで遠巻きに見てるのよね。もう、恥ずかしくて恥ずかしくて。でもこれ、ほんと、芝居みたいなシーンでしょう？　ここだけでも、ドラマでやったらいいと思うんだけどなぁ」

たくさんの自慢と、たくさんの幸せ

戦争が終わると、美代子さんは浩さんとめでたく結ばれた。長女と長男が生まれ、幸せな日々が続くかに思われた。だがしかし、元来は酒を飲まなかった夫が後遺症によるからだの痛みを紛らわせるために酒の味を覚え、次第に外で遊ぶようになり、家にあまり帰らぬようになった。生活費が入ってこないばかりでなく、いつの間にか夫が作った借金で、住んでいた家まで取られる始末。しかたがない。美代子さんは幼い子供を連れて、遠くの三味線のお師匠さんのところまでお稽古に通いだした。そして〝小美代〟の名前で、再びお座敷に上がるようになった。

「結局、夫はからだを壊して早くに亡くなってしまったんです。ものすごい苦労させられたけど、そんなお父ちゃんだったってことは、今も子供にはこれっぽっちも話してません。『いいお父ちゃんだったよ。大恋愛で結婚したんだよ』って言ってるのよ」

なぜ、苦労させられたと言わないんですか。

「だって可哀相ね。子供はそのお父ちゃんの子なんだから。今は離婚問題で、夫の悪口を奥さんが平気で口にするみたいだけど、喧嘩は両成敗ですよ。一方ばかりが悪いなんてことないわ。それに私はいろいろ苦労したおかげで、今すごく幸せなんです。第一に子供たちがいる。子は宝だもの。それを残してくれただけでも、お父ちゃんに感謝だわ。あと、大好きな三味線、今も続けられているっていうこと。80年以上やってるのよね。三味線持っているときの気持ちっていうのはいいですね、なんていうか背筋がピンと伸びて。小唄のお弟子さんが20人いるんですけど、お弟子さんたちがみんな、本当に心のいい方ばかりなの。これも私の自慢よ。あとね……」

まだ自慢がありますか。

「まだまだありますよ。両親を最期まで、お金の問題から下の世話まで、私が全部面倒見れたことも幸せですよ。それに私、40代のときに〝だんなさん〟になってくれた方と、その方の奥様が亡くなってから再婚したんです。私が68歳のとき。彼は88歳でした。帝国ホテルで盛大な結婚式もしたの。その主人が亡くなって今年で9年目になるかな。脳梗塞でからだが動かなくなった彼の面倒を、全部見ることができたのも幸せなこと。ねっ、悔いのない人生なのよ。一番の幸せ者でしょ?」

(2006年9月22日　東京・浅草の自宅にて取材)

一番最初のインスピレーションが本当ね

高野悦子

岩波ホール総支配人

「わたくしが日本女子大に入学した1946年というのは、戦後初の衆議院選で、婦人参政権がようやく実現した年なんです」

映画との出会いについて聞くと、高野悦子さんは思いがけない方向から話を始めた。

「男女平等の憲法を実現させるために、戦前から女性の先輩たちが努力してこられたわけだけれど。私の大学の先生、アメリカで学ばれた社会心理学者の南博先生は、娯楽の重要性についてこうおっしゃった。『憲法に文章で明記され

高野悦子さん　Etsuko Takano

エンジニアの父、元教師の母の間に、３姉妹の末っ子として1929年、中国・旧満州に生まれる。大学卒業後、東宝勤務を経て、フランスの国立高等映画学院IDHEC（現La Lémis）監督科に留学、卒業。'68年に岩波ホールが誕生すると同時に、総支配人に就任。映画、伝統芸能、演劇、学術講座などの企画、上演に携わる。'74年より、「エキプ・ド・シネマ」主宰。'97年、東京国立近代美術館フィルムセンター初代名誉館長に就任。『女性が映画をつくるということ』（朝日新聞社）など著書多数あり。2013年２月９日没。享年83歳。

たからといって、世の中がすぐに変わるわけじゃない。女性の魅力とか、男らしさとは何か、といった人々の意識は、映画などの娯楽の中で〝なんとなく〟作られていくものです』と。そして南先生から私が与えられた研究テーマが、〝マス・メディアとしての日本映画〟だったのです」

研究課題として、国内外の映画を年間500〜800本観る生活。高野さんは映画の魅力にすっかり取り憑かれたという。だが一方で、当時の日本映画の女性像に不満を抱いた。

「出てくる女性は、若く美しく控えめな恋人になる対象か、やさしく忍耐強い母役だけ。その他がないのよね。それに引き替え、男性のほうはバラエティに富んでいて、10代から60代まであらゆる年齢層が魅力的な主人公になれる。白髪もロマンスグレーとか言われちゃって、女性を惹きつける一つの要素なわけですよ。かくありたい男性像と、かくあってほしい女性像が描かれている。あたりまえよね、映画を作っているのが男性ばかりなんだから」

フランス語もできないのに、29歳でパリの映画学校へ

大学卒業後、東宝に入社してマーケットリサーチを担当するようになると、彼女は大監督たちに提言をした。

「『今はもう、ハンカチを握りしめてモジモジしている女性ではなく、自分の考えをしっかり持って強く生きる女性の時代です。そういうヒロインを描いてください』って。でも、『絵にならない』と言われてしまうの。ならば〝絵〟というものを勉強したいから助監督にさせてほしいと申し出ても、当時は女性の監督は必要とされない時代で、助監督にはしてもらえない。それで、日本がダメなら……と、映画監督になる夢を抱いてパリへ留学したんです」

目指したのはパリにある国立高等映画学院（イデック）。そこに入るには18科目もの試験をパスしなければいけないという情報を事前に日本で得ることができなかった、1958年当時のことである。高野さん29歳。

「パリに着いてから、いろんな事情がわかって愕然としました。イデックは大学を卒業したフランス人がさらに映画を専門的に勉強する学校で、外国人は彼

らと同じ入学試験を、3ヵ月間の特別講義の後に受けてパスしなければならなかったんです。私はフランス語がまったくわからない状態で行ったので、そんな学校に入るなんて絶対に無理！　と思ってもね、渡航費が今のお金に換算すると片道500万円ぐらいでしたから、『エッフェル塔を見て帰ってきました』ではすまされないわけ。だからもう、死ぬような思いで猛勉強しました。本当に辛くて辛くて、毎日泣き暮れていました」

フランス語の単語を1日50個覚えると決め、食事をとる時間も惜しんで勉強したので、3ヵ月で12kgも痩せてしまったという。そんな彼女を可哀相に思ったのか、人を介して知り合ったパリに国費留学している日本人の学者たち、フランス文学、数学、物理などの専門家が夜ごと集まって勉強を見てくれ、試験のヤマもかけてくれた。このヤマが見事当たった。高野さん、奇跡的にイデックに入学。

「入って最初の1年は本当に何もわからなくて、まわりが大天才ばかりに思えたんですよ。でも2年目になってフランス語もわかってくると、みんな、大したこと話してないのよね。それでも会話の途中で『それは違うんじゃないの？』なんて口を挟もうものなら大変。議論好きの彼らに洪水のように反論される。そこで考えました。監督科は私以外は男性ばかりで、東洋から来た変な女……と珍しい動物のように見られていたので、それを逆に利用して、いつもは大人しくしていて、ときどき驚くようなことを発言するんです。

たとえば文学の講義で、大河小説というジャンルは19世紀にフランスで生まれたものであると教わった日は、みんなでカフェでおしゃべりしているときに私が突然、『日本ではすでに11世紀に、源氏物語という大河小説が生まれていますわ』と言うんです。すると英語の抄訳《しょうやく》で源氏物語を知っていたイギリス人の留学生が『あ、そう言えばそうだ。源氏物語は確かに長い小説で……』と自分の知識を披露する。そこですかさず『作者は男性ではなくて、紫式部という女性です』と私は言葉少なく要所要所を言うわけ。それで、彼らの態度がガラッと変わりました。何しろ紫式部の直系の後輩だから（笑）、ひょっとすると私も凄い芸術家なのかもしれない、って」

頭がいい！　というか、策略家？

「だから、29歳という年齢で留学したのがよかったんですね。社会経験があるから、どうやったらここを勝ち抜けられるか、っていう生きていく上の知恵が働いたのでしょう」

パリ時代の高野さんはすべてにこんな調子だったようだ。自らが監督する卒業制作に際しては、同級生の中からいち早く優秀なキャメラマンや助監督に目をつけて、「わたくしのスタッフになっていただけませんか」と根回しをし、日本製の最新小型テープレコーダーをプレゼントしたりした。卒業論文はパリの中華料理店で偶然会った衣笠《きぬがさ》貞之助《ていのすけ》監督をホテルまで追いかけてレクチャーを受け、〝日本に於ける無声映画時代の芸術映画発達史〟を書き上げて素晴らしい評価を得た。そうしてイデック初の日本人生徒であった彼女は、なんと首席で卒業してしまったのだ。

パリで学んだのは、自分が日本人であるという誇り

「パリでわたくしが結局何を学んだかと申しますと、日本人としてのプライド、日本の伝統や芸術に対する誇りでした。向こうにいた１９５８年当時とい

うのは、ちょうど溝口健二監督などの日本映画が〝発見〟された年です。フランス人は〝発見〟するのが好きなの。自分たちが〝発見〟しないものは、この世に存在しないのね。でも確かにアメリカにおいては程度の低い喜劇役者だったチャップリンやキートンを、〝真の芸術家である〟と最初に認めたのはフランス人なんですよ。彼らには何か、良きものを見分ける才覚がある。そのフランス人が高く評価するのが、浮世絵と日本映画という、ともに大衆文化で。だから私は日本の素晴らしさをパリで学んだのです。それから自分が日本人であるということを再認識したのも、パリで暮らしたおかげです。

私、憧れていたんですよ、やっぱりヨーロッパの文化にね。光と影のコントラストが強い、まるで油絵みたいに重厚な白黒の写真を撮る彼らの感覚に。ところが学校の授業で枯れ葉を題材に写真を撮ったとき、みんなの写真はコントラストが利いたものなのに、私ひとりが、なんだかぼや〜っとしたグレーの写真だった。同じ空の下で撮っているのに。それならライトで影をつけて落ち葉の写真を撮ってみようとしたときに、ファインダーを覗いていて思ったんです。『ああ、なんだか、日本で見たことのあるような光景だな』って。それでわかりました。最後の勝負になってくると、自分の育った原点が出てくるのだ、と。映画でも写真でも、〝絵〟を作ろうとするときに、私の中に自然に浮かんでくるのは、日本の山であり川であり海であり森であり、床の間に飾ってあった盆栽であり……日本の風景なんですよね」

映画上映は人の時間を、人生の一部をいただくこと

帰国後はしばらく、脚本家や演出家としてテレビの現場で働いた。1968年、神田神保町に岩波ホールが完成した際に、ホール開きの手伝いをしたのがきっかけで、高野さんは劇場の総支配人となった。

「ほんの3ヵ月の間の手伝いのつもりだったのに、最初の上映企画として、いきなり〝戦後日本映画史〟なんていう約4年がかりのものを考えるあたりが、私はおかしいんですね。映画のことになると、やりたいことが頭の中にいっぱい詰まっていて。当然、みなさんに反対されましたよ。『フランス映画の名作からおやりなさい。そうすればお客がいっぱい入る。日本映画だなんて。この

あいだ新宿のホールでは4人しか入ってませんでしたよ』って。だけど誇りがあるでしょう、日本映画に。フランスで、誇りを持ってきたじゃない？」

この信念、情熱が人々に伝わったのだろう。日本映画の特集は大成功を収めた。以後も高野さんはさまざまな企画を実らせ、'74年には川喜多かしこ氏と「エキプ・ド・シネマ」を設立。これは岩波ホールを根拠地として、世界の埋もれた名画を発掘、上映するという運動で、イデックで世界各国の映画を志す仲間と出会ったことが大きく影響した活動である。

「エキプ・ド・シネマの第1回目は、インド映画『大地のうた』3部作の一挙上映でした。休憩時間も含めると6時間に及ぶ上映なのに、これが大盛況で。お客様、本当に足腰が強い。感動しました。私はダメでもともと、と思っていたので」

怖くないのだろうか。日本ではなじみの薄い国々の映画や、有名スターが出るわけではない作品を上映することは。

「勉強すると冒険ができなくなる。日本では今どんな映画が当たっているかという情報を得ると、心が迷います。〝良質だが興行的にはダメ〟といわれるような作品ばかり上映するのですから。でも誰が何をしても関係がないことですよ。自分が信じたことをやるだけです」

その、自分の判断に迷うことはないですか。

「一番最初のインスピレーションが本当ね。迷ったら永久に迷い続けてしまう。だから私はカンヌ映画祭に行く前には、必ずパリに寄るんです。好きな美術館に行って見て歩くと、いい絵は自然に向こうから目に飛び込んでくるんですよ。ところが何も飛んでこないときもあって。その状態でカンヌに行くと良い作品を見失うかもしれないから、できればパリに1週間ほど滞在して、日本の日常の中で自分にくっついていた、商業的な余分なものを削ぎ落とすことが必要なんです。何の知識もないエジプトの映画を観たときに、コップひとつが置いてあるシーンでも何か引っかかるものがあるっていう、そういう感覚を磨きたい。

そして、とにかく気をつけているのは、自己満足に陥らないようにすること。だって観客として一番腹が立つのは、つまらない映画を観て『私の人生を返してくれ。今日一日を返してくれ』っていうことでしょう？　岩波ホールの宣伝費が少なくても今日まで続けてこられたのは、新聞や雑誌によい評が出たり、映画を観た方が友達に話してくださって、新しいお客様を呼んでくれるからです。いい映画は必ずわかっていただけると信じています」

慎重に選んだ1本が、岩波ホールでは約20週という長い期間上映される。たとえば2006〜07年に公開されたせんぼんよしこ監督『赤い鯨と白い蛇』にしても、始まったのが11月末で翌年3月まで続いたから、「心に沁みる映画だったよ」の口コミで、どんどん観客が増えていったのだ。映画がこのうえなく大切にされる場所――。それを築いたのも、映画と人をもっと寄り添わせるために、高野さんが働かせた知恵なのだろう。

（2006年12月5日　東京・神保町「岩波ホール」にて取材）

自分の〝全体〟を生きることが大事なの

暉峻淑子

経済学者、埼玉大学名誉教授

〝生活の価値を知る人は、人間生活を破壊するような判断・決定をすることはないでしょう。しかし生活者ではない法人としての企業には、資本をどこまでも大きくしようとする本能的欲望があり、そのため、雪だるま式に無限の利潤を求めて、市場で争います〟

〝一方、生活者は、企業と違って、カネやモノを無制限に必要としているわけではありません。人生の長さにも、胃袋の大きさにも限度があります。（中略）生活には、足ることを知る法則が働いています〟

暉峻淑子さん　Itsuko Teruoka

1928年、大阪府生まれ。1963年法政大学大学院博士課程修了。ウィーン大学客員教授などを経て、現在、埼玉大学名誉教授。生活経済学の分野のみならず、政治、教育、社会問題で広く発言する。旧ユーゴスラビアの難民を支援するNGOの活動にも精力的に携わったり、地域住民と政治経済を語り合う、対話式月例勉強会を主宰するなど、人と人とのつながりを大切にしている。『豊かさの条件』『豊かさとは何か』『社会人の生き方』（ともに岩波書店）、『豊かさへ　もうひとつの道』（かもがわ出版）など、著書多数。

教科書のような硬い見た目の本でありながら、暉峻淑子《てるおかいつこ》さんの『格差社会をこえて』（岩波ブックレット）はとても読みやすく、わかりやすい文章で日本社会のひずみを説き明かしている。労働時間が長いのに、私たちの暮らしはなぜ豊かにならないのか。子ども社会にいじめや自殺が多い、本当の理由は何か。さまざまな問題を解決する糸口として、暉峻さんが本の中で繰り返し使っているのが、〝生活者〟という言葉だ。

「私が〝生活者〟という視点の大切さに気づいたのは……。国立大学の教員になって経済学者として認知されたものの、自分の気持ちが何か満たされなかったからなんです。それはちょうど、世の多くの女性が何十万円もするブランド品を買っても〝これが私の人生の目的ではないんじゃないか〟と思うのと同じでね。ある地位を得ても、〝これは何か違う〟という気持ちがしたの」

出世した人の判断というのは、必ず間違っているんです

穏やかな口調で、暉峻さんが話を続ける。

「お金やモノをたくさん持ったり、やりがいのある仕事や地位を得ても、人はそれだけでは本当に満足はしていないんですよね。それはなぜかと考えてみると、人間は何千、あるいは何万という対応能力を持つと言われています。農業もできれば、探険家にもなれれば、恋愛もするし、近所の人と一緒に働きかけて、高層ビルが地域に建たないようにすることもできる。本当にいろんなことに対応できる能力を持っているんです。それを大いに活《い》かして、いろんな経験をして、全体として生きて初めて、満足感が得られるんだと私は思う。〝全体を生きる〟ことがすなわち、〝生活者として生きる〟ことなんです。ところがそういう人間的な生き方が今、この日本という国ではすごく拒否されているんですよね」

単純労働に就いているフリーターは、自分のほかの能力を発揮する場がない。仕事などで能力を発揮できている人は、今度は忙しすぎて良い人間関係を作る時間がない。家族との触れ合いの時間がなくなり、森や海へ行って自然と交わる喜びもなかなか味わえない。

「それは、すごく病的な生き方だと思うの。遊ばずに勉強して、家庭を顧みずに一所懸命働いて、エリートコースを歩んで出世する人生が素晴らしい、って思われているけれど。そういう人は、自分の可能性の一部分しか使っていないですよね。全体として生きていない。そんな人たちの判断力には必ず欠陥があるんです。たとえば受験校から東大に入っても、あとは何をしていいのかわからなくて、それで金儲けっていう、誰にでも単純にわかることに生きがいを見つけちゃったりする。お金というのは、充実感のある使い方をして人生を豊かにする〝手段〟であって、人生の〝目的〟ではないはずなのに」

もともと私、経済なんて好きじゃなかったんですよ

暉峻さんは大阪府に生まれた。父は化学者で大学教授。母は雑誌『婦人之友』の愛読者で、家事全般を完璧にこなす良妻賢母だった。本が大好きで、小説家を夢見たこともある少女は、日本女子大学文学部へ進学。卒業後は農林省の農業総合研究所に勤めた。

「その所長を務めていたのが、東大教授で農学博士の東畑《とうはた》精一さんでした。敗

戦後の吉田茂を支えたブレーンで、税制調査会の会長を務めるなど、さまざまな良い仕事をした人です。その東畑さんに『あなたはこんなところにいないで、もっと純粋な学問をやったほうがいい』と言われて、農業総合研究所から東大の東畑研究室に移ることになったんですけど。そこには東畑さんの腹があってね。先生は当時、アメリカのシュンペーターという有名な経済学者の本の翻訳をしていたの。全5巻にもなる学説史です。これを手伝わせたくて、自分の都合で、私に職場を替えさせたんですね（笑）。でも結局はそれが、私の人生を大きく変えるきっかけとなりました。

もともと私、経済なんて好きじゃなかったんですよ。そんな無味乾燥なお金のことを扱うなんて……と思ってた。だけど大学で文学を学んでいた頃から、〝文学を深く理解するには、社会というものを知らなければダメなんじゃないか〟と思うようになって。社会の一番の基盤となるのは経済でしょう。経済が変われば社会が変わるんですから。そんなふうに興味が湧いていたところへ、シュンペーターの本の翻訳を手伝ったものだから、これはやっぱりどうしても経済学を正統的に勉強しなければ、という思いを掻き立てられたんです」

暉峻さんは法政大学経済学部の3年に編入し、大学院に進んで博士号を取得した。ちなみに編入試験の成績が優秀だったため、特待生の待遇で学費も出席日数も考慮されたという。また東畑氏側の優遇もあり、学生の間もずっと東大の研究室で仕事を続けられた。

「助かりました、苦学生だったから。そうした経緯で大学の教員になったわけだけれど。東大で出会った夫と結婚したのは25歳で、長男を産んだのが32歳、次男が36歳のときでした。子供を持ったのが遅い理由は貧乏だったからなの。夫もやはり経済学者で教員をしていますが、当時の国立大学の教員の月給は8000円だったのよ。私の月給はもっと少なかったですから、間借りしていた家賃に5000円を充《あ》てた、残りのお金で生活するのは本当に大変だった。

今住んでいるこの家は、東京都の住宅供給公社が土地を分譲したんです。70坪で当時100万円でした。建物にもちょうど100万円かかったから、合わせて200万円のお金を公団からも借り、勤め先からも借り、夫婦で多大な借金をして、それでようやく家を建てたんです。それから子供を——。巣ができて、ようやく卵を産んだ、っていう感じね」

暉峻さんの父は戦前、文部省の在外研修でドイツやアメリカに長期滞在し、そのたびにたくさんの玩具を子供たちのお土産に持ち帰ったそうだ。お手伝いさんもいて、実家は豊かな暮らしぶりだった。しかし戦争が起こって、日本中の家が困窮を強いられた。そんな時代の真っ只中を彼女は生きてきたのだ。

「そこそこ豊かな生活も貧乏も、どちらも経験できたのは、〝全体を生きる〟という意味でとてもよかったと思う。どん底を体験することで見えてくる、社会や人間の真実ってありますから。だから戦争はもちろん悪いことだけれど、いろんな経験をした、っていう意味ではよかったの。戦前というのは、すべて上から押しつけられて、何も自分たちで判断しなくて済んだ。それが戦後は百八十度変わって、いきなり自由の中に放り出された。百八十度変わるということは、いかに人間の考え方がいい加減か、っていうことの見本ですよね。だから私は本当に、お上《かみ》の言うことなんて信じられないと思ってる。全体を生きて、生活者としての自分の考えや価値観を育てること。戦前の空気に似てきた今の時代にこそ、それがすごく大切だって思うんです」

共に生きようとするのが、人間の本当の姿なんです

大学でさまざまな学生と触れ合い、たびたび国会に呼ばれて意見を述べ、2人の息子を育て上げて、地域の人たちと公園を作る運動をし、経済に関する著作はもとより、『サンタクロースってほんとにいるの？』（福音館書店）という絵本を書いたりもする。まさに〝全体を生きている〟暉峻さんはまた、難民救援の活動を続けて、20余年になる。

「きっかけはウィーン大学で教えているときに、旧ユーゴの学生から自国の惨状を聞いたことでした。それで'93年に内戦下のユーゴを訪れてみると、薬もなく、食べ物もなく、子供たちが病気に苦しんでいたんです。これをね、知らん顔していたら、あと何年たっても自分の中に後悔の種が残る、そう思いました」

ボランティアというと、厳かな精神や意志を持つ人たちの活動、と思われがちだが、

「私の場合は自分が〝人間として生きていたい〟という気持ちですよね。人間として充実感を得るために私は今何をしたらいいか、っていうふうにいつも考

えているの。難民救済の活動もまさにそうで。人を助けているというよりも、自分が学ぶことが多いんですよ。

たとえば、赤痢の薬は7日間飲み続けないと効果が出ないんです。ところが日本から持っていった薬が足りない。そのときに医師はすごく悩むんですよね。もう助かりっこないっていう状態の人には薬を与えずに、その分を治る可能性のあるほかの人に回して、7日間しっかり飲ませたほうがいいわけだけれど。『どうしても、それができない』って言うんです」

2日ぐらいしか薬が飲めないと、また病気がぶり返して死んでしまう人がいる。それがわかっていても、苦しんでいる人が目の前にいると、どうしても平等に薬を分けざるをえない、と医師たちは言うのだ。

「理屈からすれば変なんだけど。でも、理屈じゃないのよね。こういう極限の選択の中に、人間のやむにやまれぬ、本当の気持ちが浮かび上がってきますよね。人間は共に生きようとするんだ、ということがわかってくる。

内戦中のユーゴの病院で、自分の子供が癌に冒されていて、やっと1サイクルの薬をもらえた親がいました。隣のベッドの子供もやはり癌で、その子の薬は切れていて、闇市で高価な薬を買うお金もないから親が泣いている。その涙を見て薬を手に入れた親が、自分の子供の分が足りなくなるのを承知で薬を分け与えるわけですよ。同じ病室にいて共に生きていると、最後は人間ってそういう選択をする……。こういう姿を見たり、話を聞いたりしていると、人間にとって一番大事な、人間を生きさせている核というのはいったい何だろうか、って思わされる。だから難民を助ける活動をしていて、助けられているのは実は私のほうなんです。人間として生きるための、生活者として生きるための、教えをたくさんもらっているの」

ひと呼吸おいて、暉峻さんが明るく言った。

「だから、いろんなことを経験するって、すごく大事よね。テレビやネットで得る情報だけで社会とつながった気になっていたり、宣伝に刺激されて本当は必要のないモノを買ってばかりいる生活では、やはり人間は満足感を得られないんです。それは他者にいつも依存している人生であり、自分の人生の主人公になれていないから。〝自分の生きたい人生ってなんだろう〟ということを、もう一度考えてみるといいですよね。可能性はまだ無限にあるわけだし。共に生きてくれている人たちも、まわりにいっぱいいるわけだから！」

（2007年6月27日　東京・練馬の自宅にて取材）

どの子も素晴らしい！　どの子も育つ！

斎藤公子　保育実践家

スリングという幅広の布で、赤ちゃんを横抱きにしているお母さんの姿をよく見かける。しかし保育実践家で、さくら・さくらんぼ保育園創設者の斎藤公子さんは、

「そんな抱き方をしたらダメ。赤ちゃんの背中が丸くなって、キツそうでしょう？　柔らかい背骨がゆがんでしまう」

と心の底から心配そうに話す。

では、どんな抱き方が良いのだろうか。

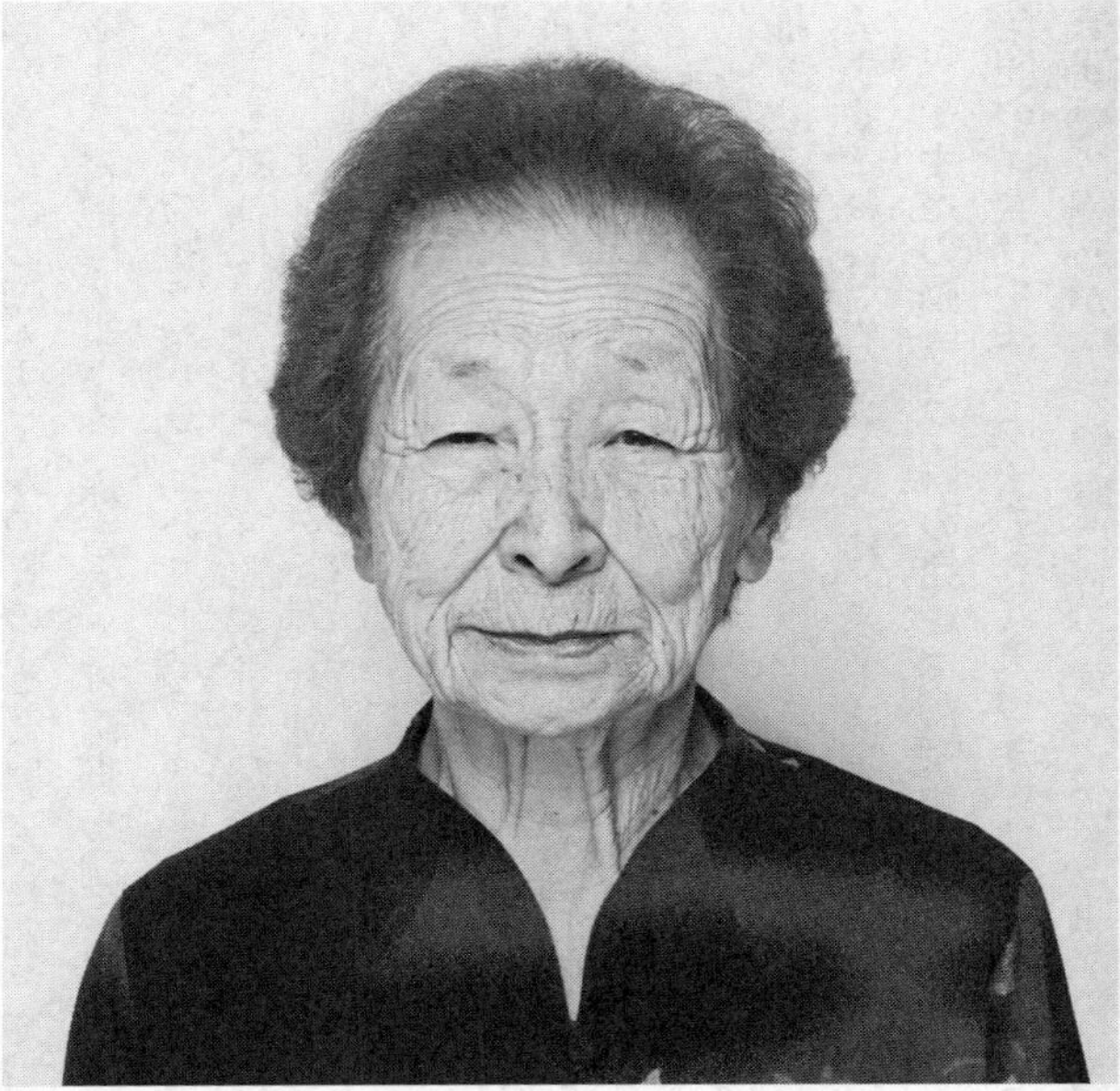

斎藤公子さん　Kimiko Saito

1920年、富山県生まれ。'39年、東京女子高等師範学校（現・お茶の水女子大学）保育実習科卒業。埼玉県深谷市にさくら・さくらんぼ保育園を設立し、教育家の羽仁説子氏などに高く評価される。戦後は子供のための人形作家としても活躍し、雑誌『暮しの手帖』の花森安治氏らに賞賛された。DVDブック『映像で見る 子どもたちは未来』（かもがわ出版）には貴重な実例の数々を収録。著書多数。2009年４月16日没。享年88歳。12年、埼玉県深谷市の生前の住まいに「斎藤公子の部屋（斎藤公子記念館）」が開館。http://k-saito-kinenkan.seesaa.net

「赤ちゃんの脚をカエルの脚のように左右に開いて、お母さんの腰の両側に出るように抱くんです。赤ちゃんは両脚を開いた状態でいるのが自然でラクなの。それを揃えてくっつけてしまうと、無理が生じてしまうのね」

脚を左右に開かせて、背骨と首をお母さんの左手の親指とひとさし指を大きく開いて支え、右手はおへその裏側にあてて揺さぶりながら抱く。すると赤ちゃんと目が合う。

「健康に生まれた子は、じっとこちらの目を見つめて、ニコッと微笑んでくれます。素晴らしい瞬間ですよね。ところが中には瞳が上下に動いたりして目の合わない子がいる。脳に何らかの障害がある場合が多いです」

こうした赤ちゃんは、目をのぞき込みながら抱き、ゆったりと自分の身体を揺することを何時間も続けてリラックスさせてやる。

「するとね、目が合うようになるんです。これが障害を治すための第一歩なの」──目や手足の動きと、脳の発達は密接に結びついている──。斎藤さんは約60年間の保育者生活の中でそれに気づき、独自の療育を実践してきた。その評判を聞いて、わが子を健康に賢く育てたいと願う親や、障害を持つ子の親たちが、全国から彼女のところへやってくる。さくら・さくらんぼ保育園に通わせたいと、他府県からわざわざ、園のある埼玉県深谷市に転居してくる人も少なくないのだ。

足の親指が、と－ってもと大事なの！

「まず目を合わせること。それと、足の親指がと－っても大事なの！　0歳児をよく観察していますと、寝返りをうつときに、たとえば右足の親指を反対側の床につけて、蹴りで身体をうまく回転させるのでね、感心しちゃうんですよ。ところが脳に障害のある子供さんは、親指を使えない。あるとき、そのことに気づいたんです」

斎藤さんが考案した〝両生類のハイハイ運動〟というリズム遊びがある。床に這《は》いつくばり、足の親指で床を蹴って、まるでヤモリのように前進する運動だ。足の親指をうまく使えない子は、大人が数人がかりで介助する。時間はかかるが根気よく続けるうちに、いつのまにかどの子もハイハイ運動ができるようになるそうだ。

「自閉症という診断名で3歳8ヵ月で入園してきた、最初は言葉がまったく出なかった子がいたんですけど、リズム遊びが大好きでね。足の親指を使ってハイハイをしたり山登りをしたりすると、言葉が出るようになって。今は専門学校を出て、普通に働いているそうですよ。こういう例が、もう、たくさんあるんです」

ほかにも斎藤さんの保育は、本当に目からうろこが落ちるようなことばかり。生後3〜4ヵ月で赤ちゃんが動き出すと、オムツをとって、早くもパンツにしてしまう。

「お尻が濡れたら、そのつど拭いてやればいいんです。そのほうがオムツをしているより、ずっと気持ちいいでしょう。洗濯？　今は昔と違って洗濯機がしてくれるからラクよねぇ」

また小学校に上がるまで、文字や数字をいっさい教えない。家でも教えるのをやめてもらう。その代わり、たっぷりの水と土と自然がある園で、子供たちは泥んこになって遊ぶ。山をつくったり、大きな穴を掘ったあとで、あるいは絵本を読んでもらって心が動いたら、子供たちは好きな時間に好きなだけ絵を描く。そうしてできた作品は、たくさんの人間や動物や植物がみっちりと描き込まれた、楽しくて豊かで力強い絵ばかりだ。

「一所懸命遊んだり、リズム遊びをすると、全身に血がめぐる。それで、どの子もいきいきとした素晴らしい絵を描くようになるんです。0歳から6歳までは身体の土台をつくる大事な時期。身体がしっかりすると、脳の働きが活発になって集中力がつきます。だからうちの卒園生たち、みんな、とっても優秀ですよ。足の指先までしっかり動かせるようになることが、文字学習に入る準備ができたというしるしなの。なのに、身体づくりを満足にさせないで幼児教育をしたり、『ダメよ』という言葉で子供の行動を制限するのは、本当に愚かなことですね。人間は生まれてきたそのままで、どの子も素晴らしい。どの子も育つ。どの子の中にも、『生きよう』とする素晴らしい能力があるんです。幼児期にその能力を大きく花開かせないといけない。ぜひ、みなさんに知っていただきたいことです」

病弱な子供時代から、母の手でみるみる変身

「私の保育に対する考え方がどこから来ているかというと、やっぱり自分が育てられた経験。両親の、特に母の影響が強いんです」

幼少の頃、伝染病にかかった斎藤さんは、小学校に入学する時期が来ても家で過ごしていた。なぜなら「学校に行かなくてもいいよ。遊んでいなさい」と母が言うからである。

「病気で体力が衰えていた私のために、両親はわざわざ坂の途中にある家を借りて、私たちはそこに住んでいました。遊ぶのは坂の上の山。おつかいを頼まれて買い物に行くのは、坂の下の商店街。母はふとん干しなどの力仕事も私に手伝いをさせて、そうして学校にやらずに私の足腰を鍛えようとしたんです。お手伝いが終わると『お母さんのところへおいで。お話してあげる』と言われて。母の膝元に座って聞いた話の中で一番印象的だったのは、故郷の島根県の隠岐で母が教師をしていた頃のこと。『ある日、校長先生から〝この子は有力者の子供だから、成績の乙を甲に変えなさい〟と言われて、〝そんなことはで

きません〟と答えたら、山ひとつ越えた村に転勤させられたんだよ、子供たちがオイオイ泣いて見送りに来たよ』って。そんな話を聞いて育ったものだから、私もこんなふうに自分の信念を曲げない人間になったんでしょうね」

学校から「義務教育違反だから来るように」という通達が来たので、斎藤さんは小学1年生の3学期から登校を始めた。読み書きもできず、ほかの子よりも遅れていたが、母が行った〝身体の土台づくり〟が功を奏したのだろう。のちに転居した仙台市で1番の成績で小学校を卒業。宮城県立第一高女でも創立以来初めてという優秀な成績をおさめ、低学年のときには体操の選手として宮城県1位を獲得している。また、今で言う工業デザイナーのような仕事をしていた父の血を受け継ぎ、美術の才にも恵まれた。それらすべてを活かせる職業を、と考えたときに、彼女が選んだのが保育の道だった。

「東京女子高等師範学校保育実習科に入学して、今の文京区にあった女高師の附属幼稚園に実習生として入りました。ところが、そこに通う子供たちの家庭は、日本のごく少数のエリート家庭でした。

一方、どんなに貧しい家の子でも、障害のある子でも、公平に可愛がった私の母は、近所の人たちからとても慕われていたんです。そんな母の話を聞いていたので、選ばれたエリート家庭とだけ付き合う保母の姿に、私は失望と悲しみを感じたの。それで休みの日曜日が来るたびに、東京の下町を歩いて孤児院を探し、親のいない子や貧しい家の子たちを見て歩くようになりました。衝撃でしたよ。寝ても覚めても、青白い顔をした子供たちの顔が頭から離れなくなった。その子たちの保母になりたいと、心から思うようになっていたんです。だから学校を卒業するとき、『盛岡師範付属幼稚園の初代主任保母に任ず』という辞令を受けた私は、即座に断ってしまった。ところが当時は日中戦争が始まっていて、軍国主義一色の時代ですから、辞令は〝天皇のお言葉〟なんだそうで……」

それを拒否した斎藤さんは、危険思想の持ち主として投獄される恐れがあったのだ。両親が心配し、海外へ逃がそうということで、19歳の斎藤さんをジャワ島で暮らす日本人男性と半ば強制的に結婚させた。現地で子供が生まれ、南洋の暮らしは穏やかに過ぎたが、戦局が変わって母子は強制送還。終戦直後、ジャワ島に抑留されていた夫も帰国した。だが、

「思想や信条がまったく違う夫に、私は離婚を申し出たんです。そしたら夫に、子供たちと引き離されてしまって……」

子育てを専門家にまかせられる社会が理想

6歳の長男、4歳の長女を突然失って、斎藤さんは悲しみに泣き暮れた。よからぬ考えを起こさぬようにと、夜には父と母が両側に寝て監視するほどに。「子供は必ず母親のところに戻る」と母は言った。「戦争で失った勉強の時間を死ぬ気で取り戻せ」と父は彼女を叱咤した。今度こそ、戦前にはできなかった保育の仕事に就こう、と斎藤さんが決意したのは28歳のときだ。東京の下町にあった、孤児の養護施設などを兼ねた社会福祉法人愛隣団に就職。

「愛隣団には大変な子供さんがたくさんいました。髪に櫛の通ったあとのない子がいて、その子のお母さんは吉原で花魁《おいらん》をやっていたんだけれど、戦後に解放されて生活に困り、重い缶入りのおせんべいを担いで売っていたんです。私が子供たちのおやつをその人から買うように園に要求したら、『不潔だ』という声が上がったので、『いいえ、缶に入っていて、封もしてあるので不潔ではありません』と頑張って。7年間勤めた愛隣団をやめて、深谷で保育園を立ち上げることになったとき、そのお母さんがお別れの会の一番最後まで残っていたんです。そして帯の間から、くしゃくしゃになった50円札を1枚出して私に渡そうとした。親から何かをもらうことは一切しなかったけれど、このお母さんからは涙の記念として頂戴しようと思いました」

1954年に深谷で一からの保育園づくりを始めてからも、斎藤さんは生活に困っている親子や、心身に障害を抱える子供を率先して受け入れてきた。保育園に住み込み、夜間の仕事が多い親の子供などを24時間保育で見たりもした。朝早くからやってくる子供たちのために、毎朝7時頃には園庭に出て「おはよう!」と笑顔で迎える。園長室や特別な机を持たず、彼女はいつも子供たちと一緒に遊んだ。そんな中から、リズム遊びなどの独自の子育て理論が生まれ、それがいつしか、教育学者、医者、児童文学者、画家、音楽家などから注目され支持されるようになったのだ。さくら・さくらんぼ保育園を退いた後も、〝斎藤保育〟を学びたいという声は引きも切らず、斎藤さんは全国のいくつもの保育園などに呼ばれ、保育指導に携っていた。

ちなみに、ご自身のお子さんたちとは？

「子供は必ず帰ってくる、といった母の言葉は本当でした。息子は理学博士で東北大学の名誉教授ですが、2005年に私の家のすぐ裏の家を買って、夫婦で深谷に移り住んでくれています。娘は私の父の教え子の工芸家と結婚して、ハワイで暮らしているんですよ」

子育てに一番大切なものとは何でしょうか。

「子供を観察することです。でも……思うんだけれど、日本の学校では子育ての勉強をしないでしょ。母親になったからといっていきなり、良い子育てができるわけではないですよね。今はせっかく男女平等に働ける時代なのだから、女性も仕事を生きがいにしていいと思うの。そして子育ては、自然に恵まれた良い環境で保育の専門家が行う――。これが理想的な形ではないかしら。それに乳幼児の育児って、本当はそのぐらい真剣に取り組まないといけない。それが私の考えです」

（2008年3月13日　埼玉県・深谷の自宅にて取材）

〝ひとりじゃない〟って抱きしめる仕事

季羽倭文子　ホスピスケア研究会代表

一冊の本が、どれだけ多くの人を励ましてきたことだろうか。『がん告知以後』（岩波新書）は初版が1993年、2016年現在までに18刷も版を重ねているロングセラーだ。

ある日突然、がんだとわかったとき、本人はもとより家族や友人はどうしたらいいのか。告知を受けたあとの暮らし方をどう考えるべきか――。がんと向き合う人たちが本当に知りたかったことが、この本には読みやすく、わかりやすい文章で綴られている。

季羽倭文子さん　Shizuko Kiba

1930年、福島県生まれ。国立岡山病院付属高等看護学院卒業後、聖路加国際病院などに看護婦として勤務。'70～'75年の間に3回、イギリスへ留学。訪問看護、ホスピスと出会う。帰国後は日本看護協会の常任理事に。'87年、ホスピスケア研究会（がん電話相談・月～金11：00～17：00電03-6909-5432）を設立、代表に就任。2012年より2年間、理事。がん患者と家族のサポートプログラム「がんを知って歩む会」にも2015年まで関わる。現在、公益財団「日本訪問看護財団」理事。『ガン告知を受けた家族の本』（池田書店）など著書多数。

著者は季羽倭文子《きばしづこ》さん。看護婦、看護学校の教員を務めたのち、39歳でイギリスに留学。'70年代初めの日本ではまだほとんど知られていなかった、訪問看護やホスピスという〝新しい看護〟と出会った。帰国後にホスピスケア研究会を設立。研修会や電話相談などの活動に尽力した。

「いや、そんなに高い志《こころざし》を持っているわけじゃないんだけれど。イギリスに行ったのだって、看護学校で長く教えてきたから、まあちょっと気分転換に外国の空気でも吸ってこようかな、みたいなことだったし」

なんてことないふうに季羽さんは言うけれど、誰もが海外へ出かけるようになった今でさえ30代の留学は勇気がいる。ましてや、

「主婦だったんですけどね」

なんて付け加えられると俄然、彼女に訪れた〝転機〟に興味が湧いてくる。

英国でナースだと言ったら、クリーニング代が割引に!

「留学はもちろん、主人の賛成があってのことでした。病気をしたんです。子

供ができにくい病気。今だったら妊娠、出産も可能なんじゃないかと思うけど、当時はまだそこまで技術が進んでいなくて。ならば私もしっかり仕事をしたほうがいいんじゃないか、と夫婦で話し合って、それで留学を決めたんです」

イギリスを選んだのは、高校時代に英語が得意だったから。それに季羽さんが岡山の看護学校へ入学しようと思った際に、反対する両親を説得してくれたのが、知人の英国人宣教師だった。その人が故郷に帰っていたので、いざというときに頼れると思ったのだ。

「私が看護学校に入った'50年代も、留学した'70年代も、日本では看護婦という職業はとても低く見られていたんです。それがイギリスへ行ったら、停留所で一緒にバスを待っているお婆さんに『あなた、どこから来てるの？　何をしに来てるの？』と話しかけられて、日本から看護の勉強をしに来ていると答えるでしょ。そうすると彼女は顔をパッと輝かせて、『Are you a nurse?』って言ったんですね。その『a nurse?』っていう響きが、『ああ、すてき』っていう感じなのよねぇ。

そのときはフローレンス・ナイチンゲール・ハウスという名前の寄宿舎に入

っていたのだけれど。ある日、クリーニング屋さんに洗濯物を持っていって、そこの住所を書いたら、『あら、あなたはナースなの？　ナースなら、僕たちに代わって大事な仕事をしてくれる人なんだから割り引きするよ』とおまけしてくれたの。イギリスでは看護婦は尊敬されるんです。まずはそのことが嬉しい驚きでしたよね」

この1年間の留学中に、季羽さんは初めて〝訪問看護〟というものを知った。それを深く学びたくて、2年後にエジンバラ大学へ留学。そこで今度は〝ホスピス（緩和ケア）〟という新しい看護形態に出会った。

「私は長く働いてから向こうへ行ったでしょ。それがむしろよかったと思う。学生の延長の留学では、与えられた授業の中身を学ぶだけで精一杯だったと思うの。看護の仕事をしてきたから自分の中に課題を持っていて。だから、『これだ！』というものに出会えたんですよね。しかも女も40歳になれば図太さがある。興味のあるものに向かっていって、『知りたい』ときちんと意思表示すれば、外国人だろうが何だろうが特別なチャンスが与えられる。それがあちらのいいところね。

ホスピスを見学に行ったときも、若い医師がていねいに案内してくれました。ところが『このホスピスにいる患者さんはみんな、自分ががんに冒されていて、先がそんなに長くないということを知っています』とその先生がおっしゃったとき、私は愚かな質問をしてしまったの。『先生はいつ、患者さんにそのことをお話しになるんですか』って。すると彼は目にキッと力を入れて、『いつ話してほしいかっていうことは、患者さんが僕に教えてくれます』と言った。何かこう、息が詰まるような思いでしたよね」

日本ではまだ、がんであることを患者本人に隠すのが一般的だった時代である。告知が推進されている現在でも、それがいつ、どんな形でなされるかは医師次第だ。しかし季羽さんがイギリスのホスピスで見たのは、病を抱え、心身に痛みを負った患者の気持ちを第一に尊重する、看護のあり方だった。

がんで亡くなった看護婦の友達との約束

ホスピスを訪れた際に、案内してくれた医師から本をもらった。帰国後、季羽さんはそれを翻訳した。「大きな出版社にも持ち込んだけど、相手にしてもらえなくて」、医学書を手がける出版社から'77年に上梓。

「『死の看護』という題名は出版社がつけたもので、私はあまり好きじゃなかったんだけど。もう絶版になってますけどね、売れたんですよ。ホスピスのことが書いてある、たぶん日本で初めての本でした。この本を看護学校の同級生が読んだんです。彼女は卵巣がんで、手術をしたときはすでに手遅れの状態だったらしくて。だけど周りがみんな、がんであることを隠していたのね。もちろん彼女は看護婦だから、それに気づいているわけですよ。なのに周りに『あなたの思い込みだ』と言われるものだから八方塞がりになって、それで私に電話をしてきたんです。『来てちょうだいっ！』と呼びつけられて、自宅療養していた彼女のもとへ行くと、私の訳した本がコタツの上に広げてあって、『この本、読んでるからね』って。『あんたまで隠さないでねっ』って、最初から喧嘩腰だったですよね。『誰が何と言おうと、私は自分ががんだってわかってるんだ』と言う彼女に、私はただ黙っていることしかできませんでした」

それからしばらくして、当時、日本看護協会の常任理事をしていた季羽さんは、国際看護協会世界大会のためにサンフランシスコへ渡った。帰国すると、夫が空港に迎えに来ていて、「例の友達の病状が悪化して、お前に会いたいと言っているから早く行け」と言う。

「翌日、病院へ行ったときが、あとで逆算してみると亡くなる5～6時間前でした。だから、とても苦しそうで。一息に自分の想いを話せないような状態だったんですよね。話しながら意識がひゅーっとなくなって、もう終わりかなと思うと、またスーッと戻ってきて。そんなフワフワした状態の中で、彼女が私に言ったんです。『本だけ書いてるんじゃダメよ。ホスピス、早く作ってね』『お願いだから、私のように苦しむ人が、ひとりでも少なくなるように。お願いね』『わかった? 約束して』と、最後はそう言って彼女は私の手を握ったの。だからそれで看護協会を、まだ任期が残っていたんですけど、やめさせてもらって。'87年にここを始めたわけなんです」

ここ、とは彼女が主宰していたホスピスケア研究会。全国に約800人余り（2016年現在）の医療従事者の会員がいて、年5回の研修会を始めとする、さまざまな活動を行っている。匿名、無料での電話相談も受け付けており、都内にある事務所で季羽さんに話を聞いている間にも、隣室では数名のスタッフがそれにていねいに対応していた。

「ホスピスを紹介したりもするし。ここでの電話相談の特徴は、患者の家族からの利用が多いこと。特に最近は一緒に暮らしている家族よりも、嫁いで離れて暮らす娘が、がんになった親のことで相談してくるケースが増えています。患者さんも苦しいけど、家族はもっと苦しかったりするのよね」

死にゆく人を〝赤い毛布〟で抱く看護

それにしても、なぜ自分で出版社に売り込んでまで、『死の看護』という本を世に送り出したいと思ったのだろうか。

「うん、それはね、本の中に赤い毛布の話が、『A red blanket』という章があって。レッドブランケットって何だろう、と思いながら読み始めたんですよ。そしたら……がんの患者さんは、人によっては病気の進んだ段階のときに大出血を起こすことがあるんです。天井に届くほどの大出血を起こして、それで亡くなる場合がある。

〝そういう状態を見たときに『これはもう助からない。この人はこの出血のためにたぶん亡くなるだろう』ということはナースだったらわかるでしょう？〞って、その本に書いてあるのね。そして〝そういうときには医師を捜そうとして、走り回ったりしてはいけません。ナースステーションに行って、赤い毛布を持っていらっしゃい。赤い毛布を持ってきて、患者さんのからだを上から包んで、あなたはその患者さんを毛布の上からしっかりと抱きしめてあげてください。それから耳元で『私はここにいますよ。あなたのそばにずっといますからね』と囁《ささや》き続けてあげてください〞って、そう書いてあったんです。

要するに、赤い毛布でくるむと、白いシーツの上に赤い血液が染みているのを覆い隠せるし。出血すると体温が下がるので、患者さんが寒くないように毛布で包んで暖かくしてあげるわけですね。それから、患者さんがおびえたり、不安だったり、寂しがったりするから、『ここにいますよ』って。聴覚は最期まで残ると言われているんです。だから囁き続けて、とにかく〝ひとりじゃない〞っていうことがわかるように抱きしめてあげましょう、と。それを読んだときに私は、うーん、なんて言ったらいいのかな……ショックでしたよね。あ、こういう関わり方がホスピスケアなんだな、って。だから、日本にも広く伝えたいと思ったんです」

そもそも〝始まり〟がそうだったのだ。日本で看護婦が低く見られていた時代に、あえてなぜその職業を選んだのですかと聞いたとき、季羽さんは笑顔でこう話した。

「高校生の頃にね、なぜか突然、『死ぬってどういうことだろう？』と思ったことがあるんです。失恋したとか、理由は何もないのよ。たぶん、思春期の多感な時期だったからでしょう。死を考えると、すごい恐怖心に襲われて、奈落の底に引き込まれるようで、ワーッと叫びたいような気持ちになって。それで『どうしたら、死が怖くなくなるのかな』と必死に考えたときに、『私がこの世に生きていた、っていうことが、せめて誰かの記憶の中に残れば、そうすれば自分は怖がらずに死ねるかな』と思ったんです。そんな自分の気持ちと、当時、結核で亡くなった友人が最期に『看護婦になりたい』と言っていた、そのことがドッキングして。『そうだ、私は看護婦になろう。看護婦になって、いろんな人の看病を一所懸命にすれば、誰かの記憶の中に自分が残るかもしれない』と思ったんですね」

死にゆく人を抱きしめて、「私はここにいますからね。ひとりじゃないですよ」と囁く職業。それこそがまさに、季羽さんが自分で見つけた彼女の天職だったのだ。

（2007年4月24日　東京・池袋「ホスピスケア研究会」にて取材）

戦争を起こすのは、きまって男性です

三木睦子

三木武夫記念館館長

渋谷の道玄坂をのぼりきり、代官山方向へ曲がったあたり、閑静な住宅街に三木武夫記念館はあった。三木元首相が長年、家族と暮らした堂々たる門構えの邸宅が、記念館として一般の見学者にも開放されていたのだ。

和風の外観でありながら建物の中は洋風のしつらい。まもなくカーペット敷きの長い廊下の向こうから、元首相夫人の三木睦子さんが可愛らしい坊やと手をつないで現れた。

「お名前は、自分でまだ言えないのね。武です」

三木睦子さん　Mutsuko Miki

1917年、千葉県生まれ。'40年、三木武夫氏と結婚。国連婦人会会長、アジア婦人友好会名誉会長などを務める。日朝関係の改善に意欲をみせ、'94年に訪朝、北朝鮮の故・金日成主席と会見した。護憲運動にも積極的で、2004年には作家の大江健三郎氏らと共に「九条の会」の呼びかけ人に。『毎日あきれることばかり』(アートン)、『三木と歩いた半世紀』(東京新聞出版局)、『信なくば立たず　夫・三木武夫との五十年』(講談社)、『いま、憲法の魂を選びとる』(岩波ブックレット)などの著書あり。'12年7月31日没。享年95歳。

と紹介してくれたのは曾孫の武さん。91歳になる睦子さんは記念館の一角に、2004年まで議員を務めた長女の高橋紀世子さんと暮らしていた。同じ敷地内には紀世子さんの娘夫婦と息子の武さん、つまり睦子さんの孫一家も住むという幸せな環境である。

通された応接間は天井が高く、多人数が会せる木の長テーブルが据えてあった。壁一面のガラス窓の向こうに、樹木が生い茂る清涼な庭が広がっている。都心とは思えぬ静寂。その中で睦子さんが、自らの半生と三木武夫氏との生活について静かに語りはじめた。

100枚の浴衣を洗って……。わたくしに夏休みはなかったの

「父は、わたくしの物心がついたときには、もう代議士でした。事業家でもありました」

睦子さんの父の森矗昶《のぶてる》氏は、千葉県で父親がおこしたヨード工場を受け継ぎ、戦前に森財閥を築き上げた大人物。化学工業会社の昭和電工のほか肥料会社など

も傘下におく森コンツェルンを組織する一方で、1924年（大正13年）から9年間にわたり、衆議院議員を務めた。ちなみに睦子さんの兄も弟も、叔父も甥も衆議院議員という政治家一族である。

「母は明治時代としては最高の教育を受けた人でした。毅然としていて、父のことを〝主人〟と言ったことがなかったです。そうね、時によっては〝子供たちの父親が〟なんていう表現をしていましたね。私たち娘にも、〝女の子だからこうしなさい〟というようなことはいっさい言いませんでした。

父も母も、あらゆるものを国産化したいという夢を持って寝食を忘れて働いておりました。母は土曜日のたびに、あんパンやチョコレートパンの大きな包みを抱えて、あちこちの工場の職工さんたちを励ましに出かけるんです。そして夏になると千葉県の興津にあった家に、週替わりで工場の人たちをバスで招待して。海水浴をさせたり、名所旧跡を見せたり、夜はお酒飲んで踊ったり歌ったり。お客様たちが帰ると、浴衣を100枚、シーツを100枚、枕カバーを100枚洗うのが、わたくしたち子供の仕事でした。おかげで、わたくしには夏休みがなかったの。家族がごろごろ遊んでいては格好悪い。家中が働いているのでなければ世間に対してみっともない、と母は考えていたようです」

大財閥ならデンと構えて優雅に暮らしていそうなものを。ご両親はなぜ従業員をそこまで篤《あつ》く労《ねぎら》ったのだろうか。こう聞くと睦子さんは、胸の奥から染みだしたような声で言った。

「創業者っていうのは、そういうものだったんじゃないでしょうか。とにかく仕事を、どんどん大きくしていきたい。そのためには働いてくれる人をできる限り大事にしたい、優遇していきたいっていうのが、あたりまえの気持ちだったと思うんですね」

「三木さんでもいいわ」って、ふと言っちゃったんです

「東京府立第一高等女学校を卒業したあとは、22歳で三木と結婚するまで、もっぱら父の秘書をしておりました」

三木武夫氏は徳島県の肥料商を営む家の一人息子で、子供の頃から世界情勢に関心があった。明治大学法学部在学中に「僕はひとりっ子なので、将来全財

産を相続することになるわけですから、遺産の先渡しをお願いします」と両親に申し出て、その金でヨーロッパに1年間遊学。続いてアメリカへ渡り、当地の大学で8年間学んで帰国した。30歳になっていたその年に、衆議院議員選挙に出て初当選。睦子さんと結婚したのは3年後のことだ。

「たびたび父や叔父のところへ世界情勢について話しに来ていましたから、三木とは顔なじみでした。でも個人的に話したことはなかった。何しろ彼は10歳年上ですからね、〝三木のおじさま〟と呼んでいたくらいで」

それが知人の勧めで結婚に至ったのは？

「それまでにさんざん、あれでもないこれでもないと、私がわがままを言って縁談を断っておりましたのでね、もう、しょうがない、『三木さんでもいいわ』って、ふと言っちゃったんです。そのとたんに600人だか700人だかの名簿がサーッと出てきたの」

披露宴に呼ぶ方々のリストがすっかり用意され、今か今かと出番を待っていたのである。

「だから私、この頃ちょっと考えるんだけど、そのときに三木さんはどう思っていたのかしらね。私が『三木さんでもいいわ』と言ったとたんに結婚が決まってしまって。あの人の意見は誰も聞いてくれなかったのよね（笑）」

新婚生活は、睦子さんの実家が持っていた目白の家でスタートした。政治を学ぶ学生や居候など、三木氏を慕う若い人たちが集い、来客も絶えない賑やかな家だったそうだ。

「結婚してまず呆れたのは、三木がお金の価値というものをわからない人だったこと。

結婚して初めての月末にタクシー会社が持ってきた請求書を見ると、1ヵ月分の自動車使用料が、三木が国からいただく1年分の歳費を月割りにしたものより大きい額だったんです。うちにいた学生さんに『これはどういうこと？』と理由を聞くと、『車は毎朝8時半に迎えに来ることになっているけれど、先生は昼過ぎに出かけていくから、その間ずっと待たせてあるんです』と言う。『とんでもない。明日からは車は来なくていいわ。どうしても必要なときは電話をかけて呼びますから』と私が断ってしまったら……」

この顚末がどういうわけか新聞に載ってしまい、〝三木武夫はとんだ荒っぽい女房をもらってしまった〟などと書かれたという。

「うちで長いこと家事などをしてくださった人が言ってました。『三木先生は何億という予算はおわかりになるけれど、家庭の中の１０００円とか何万円というお金の計算は、まったくできない方ですね』って。本当にそうなのね。客観的に見たら、うちはものすごく貧乏なのに、本人は貧乏ではないと思っている。お金に疎《うと》いことが政治家として生きていくためには幸いして、おかげで悪いお金に手を染めないでいられたんだと思いますけど……。でも最初は、なんて呑気な人と結婚してしまったんだろう、って後悔しましたよ」

だから家計のやりくりなど、苦労したはずなのだけれど、睦子さんにも呑気というか、豪気というか……なところがある。

これはのちの話だが、あいかわらず居候も多く、地方から出てくる代議士を預かる必要もあって、その頃住んでいた家が手狭になった。すると三木氏が「僕はこれから3ヵ月ほど外国に行って留守にするけど、その間に家を替わっておいてくれないかな」と、また呑気なことを言い出した。睦子さんも「あ、そう」とあっさり請け負い、夫が不在の間に吉祥寺に１０００坪の家を探し、住んでいた家や車などを売ってもまだ足らない分の金策に走り、おまけに出産まですませたという。

「吉祥寺の時代にはよく、夜行列車で上京してくる三木の仲間たちから、朝の5時半頃に電話がかかってきたんですよ。『奥さん、今、東京駅に着いたんだけど、これから行くから朝飯食わせてくれよ』って。『いいわよ、ところで何人?』と聞くと、『35人』なんて言うの。それから急いでごはんを炊いて、おみおつけを作って、あとは何を作ったか忘れてしまいましたけど。もちろん、家事を手伝ってくれる人もいましたし、そういう緊急時になると家にいた男の子た

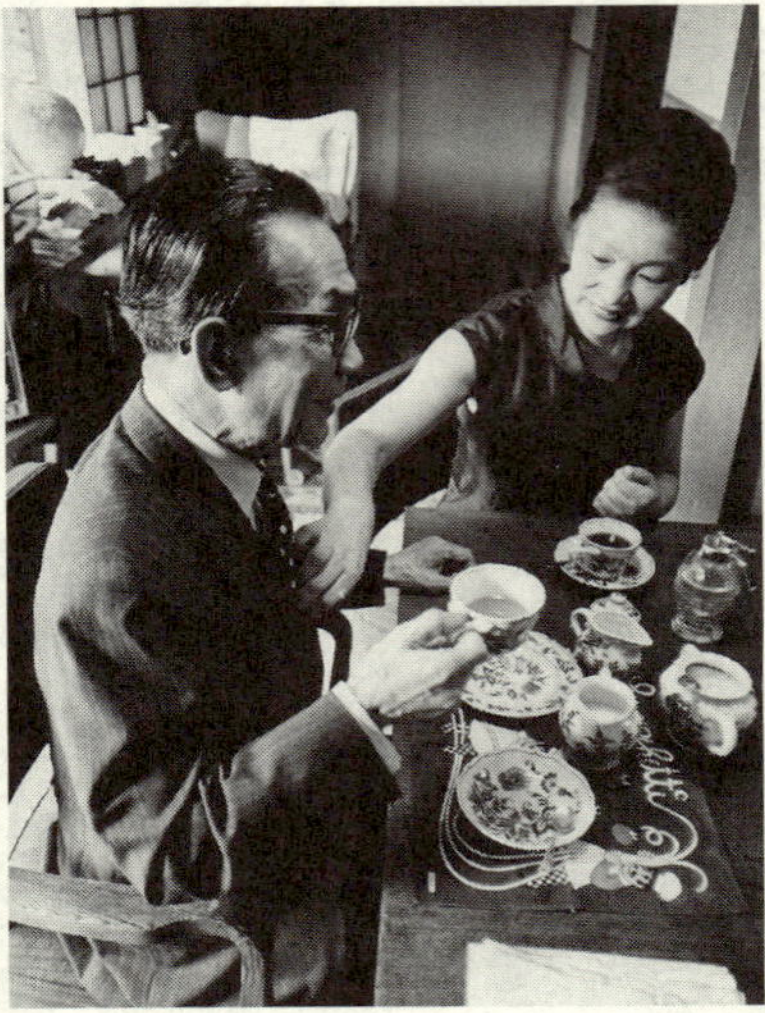

渋谷区南平台町の自宅での仲むつまじい朝食風景。写真提供/三木武夫記念館

ち、書生さんたちも総動員で手伝ってくれたんです」

楽しそうですね、そういう生活も。

「ええ。楽しかったです。こっちも楽しんでやっていたんです」

終戦の前日に、三木が口にしたこと

三木武夫氏が国会議員に初当選したのは1937年。日華事変が起こり、軍国主義の影が忍び寄っていた頃だ。日米の武力衝突が必至となった'38年に、三木氏は日比谷公会堂で『日米戦うべからず』と銘打った国民大会を開いている。

「三木はこの戦争には反対でした。四百何人の国会議員の中で当時の翼賛政治に反対したのは、三木と、安倍晋三さんのお祖父さまの安倍寛《かん》さんだけでした」

衆議院議員だった安倍寛氏は、安倍総理の父方の祖父である。

「三木と安倍さんは夜な夜な、あっちやこっちやへ演説して歩いたんです。憲兵隊や特高警察がつけ狙うものですから、夜陰に乗じて非戦論を説いて回るわけですね。それで真夜中にふたりで帰ってきて、『腹がへった〜』なんて言って。おむすびをかき込むと、また闇の中へと出かけていきました」

しかし彼らの命がけの活動も、濁流のような時代に呑まれざるをえなかった。'41年に太平洋戦争が勃発。

「戦時中は、昭和電工の工場があった縁で、埼玉県の秩父の山奥に一家で疎開していました。ええ、終戦もそこでむかえたんです。

終戦の前日のことです。三木が『東京へ行くから、蚊帳《かや》を一張りくれよ』と言い出したんです。明日、戦争が終わる。当分帰れないかもしれないから焼け野原で野宿するための蚊帳をくれ、と。そのときにね、家を出ていくときに三木が、戦争を止められなかった責任をとるために自分はもう政治家を辞める、と口にしました。『僕は田舎に帰ってグロッサリー（食料雑貨店）でもやるよ』なんて弱気なことを言うので、わたくしは言ったんですよ。『とんでもない。日本はアメリカに戦争で負けたのだから、アメリカのことをよく知っているあなたが、ここで政治家を辞めたらどうなるの？　これから先、日本はどうしたらいいのか、ちゃんと指揮をとってくださいよ。しっかりお願いしますよ』って」

三木氏は「それもそうだな」とつぶやいて出かけていったというが、確かに辞めるどころの話ではなかったのだ。

「終戦後、じきでしたね、三木がGHQに呼ばれて行ったら、マッカーサー元帥から内密に首相就任の打診をされたそうです。『元帥、今、あなたがそれをおっしゃっては日本が混乱してしまいます。わたくしみたいな若造よりも、もっと適する方がいますから』というようなことを言って断ってきたそうです」

このとき、三木氏は41歳。もしGHQ側の話を受諾していれば、歴代最年少の総理大臣が誕生していたことになる。

総理大臣の奥さんなんかに、なりたくなかったです

それから26年後の1974年に、三木氏は第66代内閣総理大臣に就任した。ファーストレディの生活はいかがでしたか。

「いや、総理大臣の奥さんなんかになりたくなかったですよ。だって、しち難しいじゃないですか。それに首相官邸というのは暮らしにくいところでね。敵

の侵入を防ぐ意味なんでしょうけど、階段はひとり通るのがやっとの狭さだし、廊下もくねくねしているし。何しろ永田町の山の上にあって、まわりにはお店屋さんも何もありませんから、買い物もできないのよね。だから私はよく、ひとりでひょいと地下鉄に乗って、ここ（渋谷の家）に帰ってきては用事をすませていたんです」

歴代の首相の中には、官邸での食事を高級料亭に仕出しさせていた人もいるとか。また、外出時には夫人にも車が用意されるが、睦子さんは公私のけじめをしっかりつけることを自分に課して、公用のとき以外は決して車を使わなかった。〝クリーン三木〟の異名をとる夫同様に、彼女もまた清い人なのだ。

三木政権が取り組んだのは、金にまみれた政治の浄化だった。しかしロッキード事件の全容解明を主張すると、反発の声が自民党内部から上がって、いわゆる〝三木おろし〟が起こり、'76年に辞任を余儀なくされた。その後も変わらぬ政治信念を貫いた三木氏は、軍縮問題に取り組み、自民党の長老として政界に睨みを利かせる存在であり続けた。

睦子さんはある日、夫に尋ねたことがある。

曾孫の武さんと三木武夫記念館にて。
睦子さんが60歳から始めた見事な陶芸作品を前に。

「『あなた、なんで自民党なんかにいるの？』って。すると三木は言いました。『考えてもごらん。自民党は立党の精神に憲法改正を掲げているんだよ。もしここで僕が党を離れたら、今にきっと憲法を改正して軍隊を持つだろうし、とんでもない方向へ向かってしまうに違いない。だから僕はどうしても、自民党に残らなきゃいけないと思うんだ』と。彼の覚悟のほどに、私はドキッとさせられました」

睦子さんはのちに、井上ひさし氏、大江健三郎氏らと共に、護憲を訴える『九条の会』の呼びかけ人として名を連ね、また『アジア婦人友好会』の名誉会長を務め、アジアの平和のための活動を長年続けた。彼女の著書『毎日あれることばかり』に繰り返し出てくる言葉、それは〝平和〟の二文字だ。

〝私は、戦争放棄を謳った平和憲法は、極論すれば、日本が世界に誇れる唯一のものではないかとも思うのです。〟

〝日本は第二次世界大戦で、アジアの国々にあれだけ多くの迷惑をかけたのだから、なんとか日本が率先して平和のために尽力するのが筋ではないかと思っているからです。〟

〃戦争を起こすのは、きまって男性です。女性は、戦争を起こそうなどという発想がない性です。ですから世界平和のために、もっともっと政治や外交の世界に、女性が出ていかなければならないのです。〃

今の日本は〃平和〃への道を歩んでいるだろうか。どんどん悪くなっていると思われませんか。こう尋ねると、睦子さんは言った。

「わたくしはそうは思いませんね。憲法を変えないために、私たちが『九条の会』で集会を開くと、お金がないので宣伝なんかそれほどできなくても、ワーッと会場に入りきれないぐらいの人が集まってくれます。それに最近は女の人たちが強くなったでしょ。参議院でも衆議院でも、女性議員がずいぶん出ていますからね。なんとか自分も発言して、世の中を良い方向へ変えていきたいという気持ちの表れだと思うんです」

特に政治的信念もなさそうな、チャラチャラした女性議員も中にはいるようですが。

「ハハハハ。でも、そのチャラチャラした人も（政界へ）出ることで、女性が徐々に大勢を占めていくようになるんじゃないかしら。チャラチャラしたのは出てくるな、って言っちゃいけないと思うのよね。それも必要なのよ」

キュウキュウキュウと、いじめてみたいわね

信念に裏打ちされた、凛とした美しさを湛《たた》えている。豊かな銀髪に、太いフレームの眼鏡。いくつになっても、つくづくおしゃれな人である。

「おしゃれ？　わたくしが？　私は着るものを自分で買ったことがないんですよ。結婚するときに里が持たせてくれたものと、あとは三木がいろんなものを買ってきてくれました。子供を産むたびに『ありがとう』『御礼だよ』と、戦前のモノのない時代にどこから手に入れてきたのか、素敵な布地を枕元に置いてくれるんですよ。自分がひとりっ子だったから家族が増えることがとても嬉しかったようです。私と違って三木はおしゃれな人でしたから、パリやイタリーでも行きつけの店が決まっていたみたいで、よく服をプレゼントしてくれてね。でも娘たちはね、『服なんかもらったことがない』って言うの」

三木さんは愛妻家でいらした――。

「どうかしら。だってね、結婚25周年に私が『銀婚式よ』って言ったら、『ほう、君は銀婚式か。それで僕のはいつ?』って聞くからカーッと頭に来て。そういう人だったのよ。よく我慢したと思うでしょう?」

こんな話をするときの睦子さんは、失礼ながらとても可愛らしい。今でも三木さんと、おしゃべりしたいと思いますか?

「聞いてみたいわね。『じゃあ、三木さんでもいいわ』と私が言ったとたんに、600人だか700人だかの招待リストが出てきて結婚式をしたけれど。彼の意見がわからないのよ。『いったいあのとき、どういう気持ちだったのよ?　私にだけ〝いいわ〟って言わせて、自分はどうだったのよ?』とか言って、キュウキュウキュウキュウといじめてみたいわね(笑)」

(2008年7月30日　東京・渋谷「三木武夫記念館」にて取材)

夫婦って、いったい何かしら

福田みどり

故・司馬遼太郎夫人、
司馬遼太郎記念財団理事長

大阪の中心地から、私鉄で約40分の駅が最寄りである。ごく普通の住宅街の中にあって、近くに名所旧跡があるわけでもない。それなのに司馬遼太郎記念館には、平日でもひっきりなしに日本全国から観覧客が訪れる。

さわさわと風に揺れる雑木林の庭に記念館は建ち、その隣には司馬さんが夫人のみどりさんと暮らした家がある。

昭和34年に結婚して、ふたりは長い歳月を共に過ごした。司馬さんが「週刊朝日」に長期連載していた『街道をゆく』の取材旅行にも、みどりさんが同行

福田みどりさん　Midori Fukuda

1929年、大阪府生まれ。大阪樟蔭女子大学卒業後、産経新聞社に入社。'59年に司馬遼太郎氏と結婚し、'64年に退社。『司馬さんは夢の中』（中央公論新社／１～３巻）の著書あり。東大阪市の司馬遼太郎記念館は、生前のままに保存された司馬さんの書斎を庭から眺めたあとに、安藤忠雄設計のモダンな建物に入る趣向。館内には、地下１階から地上２階まで吹き抜けの高さ11mの木の大書架があり、２万冊を超える蔵書が。http://www.shibazaidan.or.jp　2014年11月12日没。享年85歳。京都の大谷本廟に司馬遼太郎さんと仲良く眠る。

することが多かった。数々の名作は、彼女の支えあってこそ生み出されたもの――。その、みどりさんが言う。

「夫婦っていったい何でしょうね。考えれば考えるほどわからなくて。司馬さんが亡くなった今でも、夫婦ってなんだろう……という思いが、私の中にはずっとあるんです」

結婚とは遠い人間だと思っていたのに

昭和28年の初夏、産経新聞大阪本社で文化部の記者をしていたみどりさんの目の前に、福田定一という男が現れた。のちに司馬遼太郎の筆名をとる彼は、京都支局から転勤してきて、たまたま彼女の向かいの席に座ったのだ。

「司馬さんは結構フィクションの人でしたから、これは嘘かもしれないんだけれど。京都支局にいた頃から、司馬さんは電車の中でよく私を見かけていて、『あの人と友だちになりたい』と思っていたというの。それで本社に異動になったら前の席に私がいた、って言うのよ。こんな話、考えられます?」

まさに運命的な出会いで、司馬さんは最初から、みどりさんにゾッコンだった。一方のみどりさんは、何よりも彼の澄んだ魂に惹かれたらしい。一緒に街を歩いていて彼は突然こんなことを言う。「もし、大阪中の人がきみを攻めてきても、僕はきみを守ってあげるからね」なんとストレートな愛の言葉！「というか、ヘンな人でしょう？　どうせなら、日本中と言ったほうがいいのにね」

みどりさんも少し〝ヘンなところ〟のある人だった。子供の頃から人見知りがひどくて、本人いわく「性格がぎくしゃく込み入って」いた。文学少女の多感さゆえか、厭世感に苛《さいな》まれてもいた。彼女は著書『司馬さんは夢の中』に書いている。〝空が青くても哀しいし、雨が降っていても寂しいし（中略）、森羅万象、何もかもが虚しくて、ツマラナイ。マタ一日ガ始マルノカ〟と日々思うのだ、と。

「要するに、めんどくさがり屋なんです。食べるのも生きるのも、何もかもがめんどくさいの（笑）。でも司馬さんの前では安心して、そういう自分のダメなところを出せた。司馬さんって本当に虚栄心がなくて、自分を立派に見せようという気持ちのない人なんです」

ところが恋人同士になって結婚が視野に入り始めると、みどりさんは悩んだ。彼女は思い切ってひとり旅をした。若い女性がそういうことをするのがまだ珍しかった時代に、高級リゾートの志摩観光ホテルへ。今なら10万円相当になる旅費を親友に借りてまでして。

「日常から離れて、自分の先行きのことを考えたかったんです。私ね、自分と結婚は絶対に結びつかないと思っていたの。料理も掃除も一切ダメだし、めんどくさがり屋で不器用で、自分ひとりが生きていくだけで精一杯だから。誰かと一緒に暮らして相手の健康を案じたり、心の在処《ありか》を察したりすることを考えると、それだけで息苦しくなってしまって。なのにどうも、その結婚とやらをしなきゃいけなくなるかもしれない。じゃあ、好きな仕事はどうするのか……って、なんだか追い詰められたような気持ちでした」

司馬さんは孤独が嫌いな人でした

「私の機械は故障しているからダメ」。プロポーズされたとき、狼狽したみどりさんがとっさに言った言葉だ。機械、とは心の調子のこと。数日後に会社で司馬さんから回ってきたメモにはこう書いてあった。「機械の故障は僕が修理してあげます」

昭和34年1月にふたりは小さなホテルで結婚の宴を催した。親しい人たちに囲まれたその席で、花婿は気恥ずかしさから軍隊時代の経験を友人と声高らかに演説しあった。花嫁はひたすらビールを飲み、ひたすら煙草を吸うことで、晴れがましさに必死に耐えた。恥じらいを持ち、自己顕示欲からほど遠いところにいる点で、ふたりはよく似ていた。

実はこの日に至るまでには一悶着《ひともんちゃく》があった。

「司馬さんは決して古い論理の男の人ではないのよ。いきいきと外で働く女性を評価していたはずなのよ。お互いの新聞記事をほめ合っていたところから、お付き合いが始まったのだし、新聞記者としての私を司馬さんは認めてくれていたのに、それなのに……」

早めに辞表を出さないと職場に迷惑がかかるじゃないか、というようなことを、ある日、言い出したのだ。みどりさんは驚いて聞いた。「あたし、会社、辞めるの？」「それァ、そうや」「じゃ、結婚やめるわ」。司馬さんは怒った。理屈を超えた怒りだった。だが、みどりさんも退《ひ》かなかった。そして結局は司馬さんが折れる形で、ふたりは結婚生活に突入したのだが……。結婚の翌年に『梟《ふくろう》の城』で直木賞を受賞すると、司馬さんは新聞社を辞めて作家活動に入り、家で仕事をするようになった。そんな彼は訪ねてくる人に「奥さんは……」と聞かれるたびに、「家内はちょっと他業中です」と答えていたという。

「おかしな人でしょ？　つまり、私が仕事を続けていることへの抵抗心なんです。でも司馬さん、可哀想に、あの頃はずいぶん不自由な思いをしてたでしょうねえ。いや、私は家にいても何もできませんけれども、でも電話ぐらいとれますからね。それに司馬さんは孤独が嫌いな人でした。そのことに私は長いこと、気がつかなかったんです。会社を辞めてほしいというのも夫婦が同じ会社で働くことが美意識としてイヤなのかな、と最初は思っていましたけど、そうじゃなくて本当は寂しかったんです。ずいぶんあとになって、そのことに気づきました。ひょっとしたら、あの人が亡くなってから気づいたかな」

結婚後も5年ほど、みどりさんは仕事を続けた。トータルで15年間に及ぶ新聞記者のキャリアを捨てたのは、司馬さんの蔵書が増えたために公団アパートから大阪の郊外に家を建てて引っ越したのが機だった。

「社を辞めてからは、だから私は贖罪《しょくざい》の日々だったわけです。司馬さんに寂しい思いをさせた贖罪の日々……。どこかで聞いてたら『よく言うわ』と呆れてるでしょうけど」

「司馬さんには矛盾するところがあって」と彼女は笑って言う。どうぞ、どこへでも遊びに行ってらっしゃい、と口では物わかりのいいことを言うのだが、みどりさんが友達と約束して出かけると必ず熱を出す。その知らせを聞いて、みどりさんはせっかくの食事もまずくなって帰ってくる。だから自然に、司馬さんのそばにずっといるようになった。

共に散歩をし、共に取材旅行に出かけ、編集者をはじめとする大勢の来客の相手をした。彼の執筆を見守り、そしてみどりさんは司馬さんの抱える孤独を見つめていた。

〝むろん、人間は誰でも孤独よね。一人でいても、賑やかな団欒の中にいても、結局は、孤独よね。それはそうなんだけど、でも司馬さんの孤独はそんなのとはちがうように思うの。うまく解釈できないし、できたとしても間違っているだろうけど、そうね、司馬さんの孤独は凍るように冷たくて、いつも震えているのよ〟（『司馬さんは夢の中』）

凍るように冷たくて、震えている孤独……。その正体はもしかしたら、司馬さん自身が書いたこんな一節から窺《うかが》えるかもしれない。

〝作家というものは、作品の第一頁に名が印刷されますから、算術的に知名度が高くなります。しかし当人はあくまでも三条大橋の橋下にいる存在だということを、つねに忘れてはならないものなのです。それを忘れると、胸中かすかな氷心が消えます。一片の冰（氷）心が物を書かせているのです〟（『みどり夫人「追悼の司馬遼太郎」』産経新聞社）

司馬さんと、人の悪口を言いたい

平成8年2月に司馬さんは吐血し、腹部大動脈瘤破裂のため、72歳でこの世を去った。

「あの人が亡くなるときは実感がなくて、哀しいとか、あんまり思わなかったのね。集中治療室の中で『私もすぐに逝くからね』って、ほんとにそれだけを何度も何度も心の中で言ってました。自分が本当にそんなこと考えていたのかどうか、わからないですよ。だけど、もう死ぬことがわかっている人がそこにいて、死を待っていて。何か言わなきゃと思ったら、出てきたのがその言葉だった」

連日、取材陣が押し寄せて、みどりさんには夫の死を悲しむ時間もなかった。彼女は一日中、ビールを開けながら取材を受けた。

「みなさんにすすめるよりも自分がね、ビールでも飲まなきゃ、とても話ができなかったの」

食事もとらずにビールを飲みながら、司馬さんの思い出話を語り、取材者たちが帰ると眠れずに明け方までビールを飲む。そんな生活が1年ほど続いて、みどりさんはげっそり痩せてしまったという。

「もともと自分が表に出るのが好きじゃないから、普通だったらできるだけ取材はお断りするのに、あのときは次々に受けちゃった。だからやっぱり、どこかおかしかったんでしょうね。自分が話さないと、間違ったことが伝わったら困る、という気持ちもありました」

黙して引きこもれば、むしろ自分を守れたかもしれないのに、それをしなかった……。

「そうですね……。友達の医師に言われました。『普通、夫を亡くした人は思いきり泣いて、それだから早く立ち直れるのに、あなたは一度も泣けなかったから、いつまでも悲しみを引きずっているんだ』って」

親しい編集者から司馬さんとのことを書くように勧められて、ようやくペンをとるまでに7年かかった。文章を書き始めると元気と客観性が戻って、4冊目を書くタイミングを自分と相談しているところだという。

今もし、司馬さんと話すとしたら何を？　と聞くと、みどりさんはすぐさま言った。

「悪口を言いたい。いや、司馬さんのじゃないですよ。誰かの悪口。よくふたりで、人の悪口言ってましたから。『あんな可愛い顔してるけど、あれはバカよ』とかね、いくら親しい人とでも、そんなのあまり言えないでしょう？　だから、やっぱり悪口は司馬さんと言いたいな、って思います」

２００９年11月から、司馬さんの代表作のひとつ『坂の上の雲』をＮＨＫがドラマ化し、放送した。３年にわたって放送された特別番組だ。

「日露戦争を扱っているので、ていねいに取材を重ねて、戦争謳歌の話と誤解されないようにと、司馬さんがとても心を砕いて書いた作品です。本当にくれぐれも誤解されないように、私も祈るような気持ちなの」

人や、人が集まって造る国というものについて、司馬さんは考え続けた作家だった。その精神を守る代表者という使命を受けて、みどりさんは司馬さん亡き後も生きてきた。結婚には向かないと思っていた人なのに、意外にも、彼女はずっと妻の現役なのだ。

（２００８年８月15日　大阪『司馬遼太郎記念館』にて取材）

美とは心。お花は心をいけるもの

尾中千草

草月流千創会主宰、華道家

草月会館2階の広いラウンジを、軽やかな足取りで歩く人がいた。ショートカットにパンツスーツ姿の彼女は、壁一面のガラス窓の前で立ち止まり、向かい側に広がる赤坂御所の森を見つめている。キリッとした佇まいのその人こそ、尾中千草《おなかせんそう》さんだった。歩き方も姿勢もあまりに若々しいので、失礼ながら違う方かもしれないと思いました、と言うと、

「この建物の入り口をくぐるとシャキッとする、ってみんなに笑われるんです」

94歳の華道家はそう言って大きく笑った。2008年4月、同会館で約16

尾中千草さん　Senso Onaka

1914年、島根県松江市に生まれ、４歳で東京へ移住。終戦翌年の'46年、いけばな草月流の創始者・勅使河原蒼風氏の助手となり、指導を始める。'61年、草月流一級師範理事。'59年、鉄の作品『分身』で第35回蒼風賞受賞。'75年、東京・銀座のミキモトホールで彫刻個展開催。'78年、草月大賞受賞。国内外で幅広く活躍する。'84年、'88年には銀座の和光ホールで個展を開く。『花法楽』『花無限』（ともに草月出版）などの作品集あり。日本いけばな芸術協会評議員、いけばな協会理事。2016年現在も週に１日、自宅で教室を開いている。

0名の門下生とともに開いた『千創会展』での、尾中さんの作品は鮮烈だった。

「私がいけた場所は、天窓のある1階ホールの中央。鏡のように磨かれたステンレスの板の上に真っ赤なガラス器を載せ、花を四方へいけて。そこに、天井から真鍮《しんちゅう》の輪を下ろしたんです。天空へと繋がるようなイメージで。意外と男の人たちに好評でしたね。ある高名な科学者の方から、お手紙をいただきました。一番下に敷いたステンレスに、さかさまになってみんな映るわけですよね、それを『地球誕生の光に思えた』って」

こんなふうに哲学を感じる人もいるほど、尾中さんの作品は強い力を放っている。見る側は魂をゆさぶられ、心に湧く何かを感じる。そして、これがいけ花か、と驚かされるのだ。

娘と夫が病死して、32歳でこれからどう生きようかと

「最初は花嫁修業のひとつとして、いけ花を始めたんですよ」

尾中さんは大正3年に、昔の南洋庁長官であった父の第5子として生まれ

た。女学校を卒業した昭和7年に、いけばな草月流に入門。3年目に師範免状をもらい、21歳で結婚すると、いったんはいけ花をやめている。

「主婦になってからは1年に何回花をいけたか、ほとんど記憶にないぐらい（笑）。主人は逓信《ていしん》病院の内科の医師で、娘がふたりいて、一家4人で何不自由なく平和に暮らしていました。ところが終戦の少し前に、下の子を急病で亡くしてしまったんです」

昭和20年3月4日、遊んでいた3歳の次女が突然吐いて、翌日から高熱が続いた。死の病とされる急性脳膜炎だった。3月9日、サーチライトと照明弾が交差する、真昼のように明るい東京大空襲の夜。尾中さんは防空壕に避難もせず、低空飛行するB29のグォーッという轟音を聞きながら、灯火管制で暗くしている室内で、昏々と眠る娘のそばに一晩中座り続けた。この忘れられない夜のことを、尾中さんは作品集『花法楽』の中のエッセイで、〝あとからあとから涙が流れた〟〝三日後に娘は逝ってしまった。享年たった三歳！〟というせつない言葉で記している。

「辛かったけれど……でも、空襲が毎日ある頃でしたから、悲しみに暮れているわけにもいかなくて。それに1ヵ月後に、今度は主人が倒れてしまったんです。過労でした。若い医師がみんな戦争で徴集されて、人手が足りなくて働きすぎたんです。2年間の闘病生活ののちに、主人も亡くなってしまいました」

残された妻は32歳。大事な家族をたて続けに亡くし、7歳の長女とふたりで、これからどう生きようかと途方に暮れた。

「明日のお米に困る、というわけではなかったけれど。これからの長い人生、何をすればよいだろう、って。そんな私に『あなた、お花の免状があるじゃないの』と言ってくれたのは母でした。ああ、そうだ、お花に戻ってみよう、と思いました。ちょうどそのとき、三越で開かれる草月展の告知を新聞で見つけて、訪ねていったんです。そしたら家元の勅使河原《てしがはら》蒼風《そうふう》先生が……私は昔の、まだ人数が少ない頃の生徒ですから、先生が覚えてくださっていて、『どうした？』と。実はこういうわけなんです、とお話ししたら、『じゃ、俺のところへ来いよ』と言ってくださった」

尾中さんは12年ぶりに、草月流の門をくぐった。今度は蒼風氏の助手として。

「助手といっても下っ端ね。私はそれまで、世の中のことを何も知らない幸せな主婦でしたから、助手としては本当に役に立たなかったはずですよ。蒼風先生もきっと、『こいつ、やっぱりダメだ』とお思いになっていたと思う。ところがこっちは、まるでそれに気づかないんです。なぜかと言うと、再び始めたお花が面白くて、夢中になってしまったんです」

いけ花のどこにそれほど……と聞きかけると、

「もちろん基本はありますよ。でも何しろ、自由にいけていいんですから！」

尾中さんは楽しそうに言った。

「蒼風先生が、いけばな草月流を始められたのは1927年で、それ以前の生け花というのは、すべて型があったわけですよ。型に合わせて、いかに上手にいけるかということが求められていたんです。それを、いけ花はもっと自由なものだ、自分の心のままにいけるものだ、と唱えたのが蒼風先生でした。つまり先生は、いけ花というものの既成概念を壊してしまわれた。それが戦後の自由を求める人々の心をとらえたし、外国の人たちの目にも非常に新鮮な芸術として映ったんですね」

いつも美しく、いつも新しく。片方だけではダメなんです

尾中さんが言うように、草月流のいけ花は、戦後に急速に発展した。当時は国内に門下生100万人とも言われ、終戦後にマッカーサーから蒼風氏が「外国人にもいけ花を教えてほしい」と頼まれたこともあって、海外にも次々と支部ができた。そうした国内外でのデモンストレーションにも派遣される一方で、尾中さんは個人でもいけ花を教えた。昭和30〜40年代は巷《ちまた》の会社に華道部が盛んにできた時代で、1日5ヵ所ぐらいの教室をまわったこともあるという。

「忙しかったですよ。昭和39年のエジプト民族芸術祭でカイロに行ったのをはじめ、パリ、カナダ、ルクセンブルク、台北……ほんとうにいろんな国に行きました。ご飯をゆっくり食べる時間もなく、過労で倒れたこともあります。とにかく夢中で働きました。娘ですか？　子供の面倒を見てもらうことにして、我が家の空いていた2階を、彫刻家の老夫婦に無償でお貸ししていたんです。だから一応は安心だったわけですけれど、娘には寂しい思いをさせたと思います。とにかくその頃は、毎日を全力疾走している感じでした」

いけ花の世界はそれほど奥深くて、やりがいがあったのだ。特に草月流は「自由にいけていい」だけに、いける人の度量が問われる。

「そう、それで私もよく蒼風先生に叱られました。あるとき、私を含む5人の弟子が、本に載せる〝写真花〟のために先生に呼ばれたんです。いけた花を蒼風先生に見ていただいてから、撮影をするのを〝写真花〟というんです。

教室に行くと、アンディ・ウォーホルなどの5点の版画が壁に飾られていて、『この絵の前に合う花をいけてみなさい』と先生がおっしゃった。私はミロの絵でした。その場で花器や花材を決めていけましたが、できあがったものを見て、『こんな作品でいいと思っているのか、やり直せ！』と蒼風先生のお怒りを買ってしまって。すぐに5人でいけ直して夕刻に再び見ていただくと、『この花はなんだ！　みんな荷物をまとめてさっさと帰れ！』って、先生が烈火のごとくお怒りになった。もう、私たちは身が縮まる思いですよ。『もう一度いけ直させてください』となんとかお願いして、夕食抜きで4回ほどいけましたが、すべてダメ。結局、翌日に持ち越しということになったんだけれど、みんな、心身ともにへとへとになってしまいました」

本当に厳しい。もうやめたい、と思ったことはありませんか。

「それはないです。蒼風先生がよくおっしゃっていた言葉があって『いつも美しく、いつも新しく』というんです。『両方だよ。片方だけじゃダメなんだよ』と。『いつも美しく、いつも新しく』っていうのは、つまり終点がないことでしょう。ゴールがない。本当の美とはそういうものですよね。その、手が届かない〝本当の美〟へ、一所懸命に手を伸ばそうとする気持ちこそが大切なんだと思います。それを心がければ、ずっと夢をおいかけられるし、夢を持ち続けられます。だから挫折しないことなんですよね。挫折したらおしまいでしょ、何事も。苦しくても辛くても、とにかく歩いていくことなんです」

ひとつのことを長く続けていると、慣れて驕りが出てしまいがちですが。

「そうね。だけど蒼風先生は、先生なら目をつぶってでもできるようなことでも決しておろそかにはなさいませんでした。どんなに簡単でわかりきったことでも、きちんと準備していらっしゃった。ご自分にも厳しい方だったんです。だから、私たちは心から師事できたんです」

お花は心をいけるんです。自分自身がそこに表れる

長いキャリアを持ちながらも、尾中さんが自身の花の個展を開いたのは、ようやく69歳になってからのこと。

「蒼風先生の時代には、勝手に開けなかったんです。私たちの作品はまだ、それほどのものではないということで。だから私が初めて、銀座ミキモトのギャラリーで鉄の彫刻展を開いたときも、それが一番の心配事でした。やってもいい、というお許しが出るだろうか、と」

鉄の造形作家としても彼女は評価の高い人である。蒼風氏がいけ花作品に鉄を取り込むのを見て、鉄にひかれ、独学でオブジェなどを創るようになった。それを目にした美術評論家の桑原住雄氏の勧めで、いけ花展より先に鉄の彫刻展を開いたのが61歳のときだ。

「なぜ鉄が好きなのかと聞かれても、さぁ、わかりませんねぇ(笑)。でも、鉄はすごくきれいなの。熱の具合で美しい色が出るし」

鉄に向かうのと、お花に向かうのとは、尾中さんにとって同じことですか。

「同じものが心にあるということです。いずれにしても物を創るということは、そこに美を求めるわけですよね。美というのは心ですよね。私はそう思っています。お花は心をいけるんです。自由にいける、っていうことは突き詰めれば、自分自身をそこにいけること。鉄もそう。自分の心がそこに出るんだと思う」

自分の中を静かにじっと見つめ、そのときどきに心の奥にあるものをそっと取り出して、花や鉄の造形で表す。尾中さんが自分の人生の中心に据えたのは、そんな〝仕事〟なのだ。

しかし、「美は心」と教えられても、その美がわからない、という若い人もいそうです。こう投げかけてみると、

「そうかもしれません。目に見えるものを、現実的なものだけを求めていればね」

こちらの目を深く覗き込んで尾中さんが言った。そして言葉をつなげた。

「神様を信じないかしら？　つまり、人間以上の力を持つ大きな存在のことを。本当の美を手にしているのは神様だと私は思う。だから美は、一生つかま

えられないものなんです。でも、そのきれいなものに憧れて、手を伸ばし続けている人生というのも、幸せかもしれませんよね。いけ花が心ならば、一所懸命にいけていれば、自分の心が満たされるでしょう。それが私にとっての幸せな人生なんです」

（2008年5月14日　東京・青山「草月会館」にて取材）

老年期って、とっても素敵よ

吉沢久子

生活評論家

東京・杉並。草花に囲まれた、慎ましやかな平屋の一軒家。生活評論家の吉沢久子さんは、評論家の古谷綱武氏と結婚してから、100歳に近い今日までをずっとこの家で暮らしてきた。

「戦後まもなくでしたから、最初は掘っ建て小屋でね。ご近所に谷川俊太郎さんのお宅があるんですけど、古谷が若い時分から徹三先生（俊太郎氏の父で哲学者の谷川徹三氏）に師事してお世話になっていたので、それでこの土地に居を構えることになったんです」

吉沢久子さん　Hisako Yoshizawa

1918年、東京都生まれ。速記者などを経て評論家の古谷綱武氏の秘書となり、32歳で古谷氏と結婚。生活者の立場から家事や生活全般について執筆を続け、さまざまな提言をしてきた。『ひとりで暮らして気楽に老いる　夫のいない自由な生き方』(講談社)、『ほんとうの贅沢』(あさ出版)、『もうすぐ百歳、ふり返らず。』(河出書房新社) など著書多数。ひとり暮らしの老年期をきちんと生きるために、〝死にじたく〟の大切さを実感。姑や夫と同様の、葬儀も告別式もない簡素な見送りを望み、すでに遺言書を作成。大学病院に遺体の献体登録もしている。

その昔、文士や芸術家が集まって住んだ町の空気が、このあたりにはまだ残っている。吉沢さん宅も書斎からあふれ出た民族学や古代史などの本で、居間の壁さえ埋め尽くされている状態。本に囲まれたその場所で、来客に、夏ならおいしい水だし緑茶がふるまわれる。お茶菓子の定番は一口で食べられる、上品で素朴な山田屋まんじゅう。華美でない心のこもった爽やかなもてなしに、主の知性が感じられるのだ。

恋人の遺志を継ぎたくて、栄養を学ぼうと思ったの

「私の母は、ちょっとダメな人だったんです」

実体験に基づいた〝暮らし方〟の著書はたくさん書いているが、自身の人生をあまり語らぬ謙虚な吉沢さんに、無理を言って、過去を聞かせてくださいとお願いした。

「私が生まれて間もなく両親は離婚しているんですが、別れてからも母はずっと父に養ってもらっていた。当時は女の人が自由に働ける時代ではなかったか

ら、それも当たり前なんですけどね、でも若い私は嫌だったの。自活もできないなんてだらしがない、と」

だから自分は仕事を見つけて一生働いて生きる、少女の頃からそう決めていたという。吉沢さんが最初についたのは「欠食児童にお弁当を届ける仕事」だった。

「時事新報社長の武藤山治《さんじ》さん（カネボウの前身、鐘淵《かねふち》紡績の元社長）に株で儲けたお金を託した方がいて、それでできた財団に就職したんです。戦前は欠食児童が多かったの。そういう人たちにお弁当を作って、どこどこの学校にいくつ、と周囲にわからないように届けるわけ。その財団に石井満さん（元鉄道院事務官・日本出版協会会長）という方がいて、ものを書くことが好きな私に『速記者になるといい』と勧めてくださった。それで夕方から、速記の学校に通い始めたんです」

親戚の家に間借りして、仕事をしながら速記の勉強をし、エスペラント語も学んでいたという20歳そこそこの吉沢さん。良妻賢母が一番とされた時代に、自分の人生を自分で選び取り、いきいきと過ごした彼女は、まさに現代の女性像の先陣を切っていたといえる。

「あるとき知人から、評論家の古谷綱武が初めて講演会をする準備のための速記をしてくれ、と頼まれて。それが最初の出会いでした」

10歳上の古谷氏は太宰治らの作家と親交があり、文学評論や人生論など広いフィールドで執筆する博識の人だった。女性論もしたため、「女性も仕事を持ち、社会参加すべきである」という新しい考えの持ち主。「古谷からは、いろいろなことを教えてもらいました」と吉沢さんは控えめに言うが、彼との出会いでグングンと開けていく知の世界は、どんなに刺激的で魅力的だったことだろう。

言論統制で本が自由に出せなかった戦前、戦中の反動で、戦後になると、古谷氏のもとに執筆や講演の依頼がドッと押し寄せた。あまりの忙しさに吉沢さんに任せられる仕事も増えて、いつしか古谷氏の秘書として働くようになった。驚かされるのは、そんな忙しい最中にも文化学院で文学を学び、栄養学校へも通っていたという彼女の勤勉さ。仕事と勉強を常に並行して行うことが、ポリシーであるかのようだ。

「栄養のことを学ぼうと思ったのには、実は理由があるんです。エスペラント語を一緒に学んでいた友人に、外科医の卵で、将来結婚しようかな、と思っていた人がいて。その人が戦病死してしまったものですから、この世に未練もあるだろうし、何か私に彼の遺志みたいなものが残せないだろうかと考えたわけ。それで、栄養について学べば予防医学に役立つし、私にもできるんじゃないかと。それを話したとき、古谷は喜んじゃってね。自分の仕事を手伝う人間がそういうふうな気持ちを持つことは素敵だ、って喜んだの」

夜ごとの宴会が原因で、〝家事評論家第一号〟に

そんな古谷氏と、32歳のときに吉沢さんは結婚する。出会いから10年後にして、なぜ？

「つまり、あの、便利だから必要だったんでしょう(笑)。そうだと思いますよ。だって向こうは家庭を持っていたわけですからね。古谷にとっては、私みたいに生涯働こうという女性が珍しかったのかもしれない。よくわかりませ

ん、人のことだから」

ご自身の気持ちは、どうだったのですか。

「私は、結婚するつもりの人がいましたから、初めはそんなつもりもなくて。だけど古谷にはいろんなことを教えてもらったし。非常に誠意はある、正直な人だったということよね。そういう意味では私、信頼できるな、と思ったの。そしてそれは一生続きましたよ。わがままで、めんどうな人でしたけど、すごく誠意を持っていたし、嘘のない人だった」

ふたりは杉並に新居を構えた。

「ちょうど敗戦のあとでしょ。今までは何をするにも天皇陛下のため、お国のためだったけれど、それが今度は自分のためにしてよくなったわけね。生活を愛すること、楽しむことも自分のためにしていいのよね。そうなったら、ものすごく嬉しくなっちゃって。何も買えない時代ですから、あるもので工夫して、調味料の棚を作ってみたり、額を作ってみたり。そんなのが珍しかったようで、古谷のところに毎晩のようにお酒を飲みに集まる編集者たちが、『あれはどうしたの？』と聞くから『お菓子箱をひっくり返して作ったの』と言うと、「それ、書いてよ」。出したお料理も『これ、おいしいけど、どうやって作ったんですか？』と聞くから教えると、『それをうちで紹介してくれませんか』って。そんなふうにして新聞や雑誌に、暮らしの知恵やお総菜のヒントについて書くようになったんです。『肩書がいるんだけど』という話になったとき、『主婦は嫌だな』って私言ったんですよ。ずっと仕事をしてきたし。そしたら『それじゃ、家事評論家にしよう』と、親しくしていた新聞社の女性記者が考えてくれたの。何も評論してなくて、ハウツーを紹介しているだけなんですけどね」

こうして吉沢さんは日本の〝家事評論家第一号〟になった。暮らしを楽しみ、豊かにする技術は、戦後の復興、高度成長の時代へと移りゆく日本がまさに求めていたジャンル。栄養学の知識なども活かして、吉沢さんは執筆だけでなく、NHKの『きょうの料理』に出たり、TBSの『テレビ婦人教室』の台本を書いたり、司会をしたり、八面六臂の大活躍をした。

「仕事が面白くて面白くて。でもね、ちょっと夜までかかったりすると古谷がものすごく不機嫌なの。『封建的フェミニストだ』って私は言ってたんですけど(笑)。『女の人も働くべきだ』という理想を掲げながらも、本音の部分では違うんですね、昔の男だから。それに古谷は外交官の子供で、6歳で帰国するまでイギリス流にナースにかしずかれて育った人なんですよ。普段はナースと住んでいて、水曜日だけいい服を着て、別棟に住むご両親に会いに行くという」

この非常に興味深い古谷家の暮らしぶりについては、吉沢さんの著書『素敵な老いじたく 姑《はは》の残してくれたもの』(集英社文庫)に詳しい。この本の主題は古谷氏の母、姑の光子さんとの18年間の同居生活。外交官の妻だった光子さんは、綱武氏ら幼い子供たちを置いて家を出た奔放なる明治の女だ。91歳まで英語を教えた〝モダンガール〟の姑との暮らしは、中年期の吉沢さんに多大な影響を与えた。

「おしゃれで、堅実なところもあって、前向きで、自立していて。おばあちゃまのこと、私はとても尊敬していました。彼女は『人形の家』のノラのように家出をした人だから、晩年も子供に頼らないつもりだったんでしょう。再婚したおじいちゃまが亡くなったときに『私、養老院に行こうと思うのよ』って言ったんです。私、そういう人、好きなんですよね。

だったら一緒に暮らしてみて、もし私と喧嘩したり、うまくいかないようならば、そのときにあらためて考えればいいんじゃないかしらね、と古谷と話して。それで76歳の姑に家に来てもらったんです。一緒に暮らしたら本当に面白い人でね。仕事柄、興味があったものだから、私は当時出始めのプレハブ住宅を自分の勉強部屋として庭に建てていたんです。そしたらおばあちゃまが一目見て気に入って『私、ここに住むわ』って。私たち夫婦だけが母屋に住むのは抵抗があったのですが、『人の目なんて気にすることないわ。いいじゃない、私がそうしたいんだから』と言うの。なんて自由な、新しい考え方の人だろうと感心しました」

昨日よりも、今日が一番いいんです

そんな賢明な人にも認知症の症状が現れて、吉沢さんは必死の自宅介護の末に、93歳で姑を自宅で見送っている。その3年後に夫が75歳で死去。以来ずっと、ひとり暮らしだ。

「今が一番いいときね」

と、いつもニッコリ微笑んでいる人が言う。

「めんどくさい夫もいないし、24時間を自分のためだけに使えるでしょ。いくらでも本を読める、ずっと夕日を見ていられる。うん、老年期っていうのはとても素敵だなと思って、私は毎日を生きているんですよ。死とか、からだの不調というのは誰にでも当然訪れることだから、そんなことにかかずらわってはいられないわけで。ごはん食べるのだって本当においしいものを食べようと思ったら、野菜ひとつ選ぶのにも慎重になる。そんなふうに自分の今日を一所懸命に生きているんです。だから、いつだって今日が一番いいの」

庭で野菜を育て、精力的に仕事をし、歴史などの勉強をする、あいかわらずの日々。

「私はとてもラッキーだったんです。毎日の暮らしのこと、おばあちゃまとの生活で経験した介護のこと、今は自分自身が向き合っている〝老いて楽しく暮らす〟こと。生きていく中で直面して、そのつど自分のテーマになることがいつも、まだ誰も目を向けていない分野だった。だから、本を書くたびにたくさんの人に関心を持ってもらえたし、自分で体験したことばかりを書いているから、共感を持ってもらえたんだと思うんですよね」

姑が亡くなったとき、無宗教なので戒名もお経もいらないと、姑の好物だったチーズケーキと紅茶を供えて、家族だけの静かで温かな見送りをした。この体験を綴った著書の中で、吉沢さんが続けるのはこんな言葉だ。

〝冠婚葬祭には心を中心として、形は簡略化したいというのがみんなの願いであるにもかかわらず、取り上げられては立ち消えになっていく理由のうちの一番大きなものは、他人の噂話とそれを気にする私たちの気弱さである〞(『吉沢久子の簡素のすすめ』)

自分らしい暮らしは、自分の頭と心とからだを働かせて勝ち取っていくもの。凛とした視線の彼女から、学ぶべきことは尽きない。

(2004年6月25日　東京・杉並区の自宅にて取材)

いつも笑顔でいれば、辛いことも逃げてくよ〜

森岡まさ子

講演家

「おぉぉ〜、よう来たねぇ、遠いところを本当によく来てくれたね。お帰りぃ〜〜！」

まるで、ギュッと抱きしめられたみたいな温かさ。初めて訪れる人にもこうやって、こぼれんばかりの笑顔で両手を広げ、「お帰り〜」の言葉で彼女はみんなを迎え入れる。

「午前中、近所の学校でお母さんたち相手に講演会をしとったんよ。けれど、あんたたちが来るけん、早々に引き上げて今戻ってきたところ。よう来たね

森岡まさ子さん　Masako Morioka

1910年、広島県生まれ。百貨店勤務を経て新聞記者だった森岡敏之氏と結婚。フォスコ・マライーニ氏の秘書を務めたのち、原爆症の夫を抱えて、さまざまな職業に就く。'59年、広島県内初の民営ユースホステル「MGユースホステル」を開設。'88年広島県国際地域文化功労賞、2002年エイジレス章など受賞多数。'07年2月に『森岡ママは今日も元気で丘の上』（講談社）を上梓。'08年5月13日没。享年98歳。森岡さんの遺志を受け継いだ和知啓子さんが、今も『MGユースホステル』を切り盛りしている。http://www.fuchu.or.jp/~mgyh/

え、会えて嬉しいなぁ」

その場にいる誰よりも大きな声。全身に元気がみなぎっている。２００７年夏、森岡まさ子さんは97歳。と聞いても、足腰もしゃんとしているし、何しろ魂がピチピチしているから、実像と年齢がなかなかマッチしない。

広島市内から車で約2時間ほどの山あいに、『自然の森 ＭＧユースホステル』を１９５９年に夫とふたりで開業した。以来、〝森岡ママ〟の愛称で多くの利用者たちから慕われてきた人だ。70歳過ぎにユースの経営からは退《しりぞ》いたが、その後も同じ敷地内に住み、講演活動で多忙な中でも時間を見つけては、来客たちにとびきりの笑顔と元気を振りまいていた。

明治女が81歳にして、英語でスピーチできた理由

「昨日もアメリカの人が来ちょったけどね、『ＭＧユースホステル』には外国の人もたくさん来てくれるから、私はいろんな国の家庭料理を習ったんですよ。言葉もね、英語、イタリア語、ドイツ語、フランス語……どんな国の言葉

でも、最低、挨拶だけはできるようにしときなさいよ、と後継者たちに言ってるの。だって遠い島国のこんな山の中までわざわざ来てくれるんよ。せめて、その人の国の言葉で挨拶して、好きそうな料理作って、喜んでもらわないといけないでしょう」

サービス精神が旺盛なのだ。それに人一倍、勉強熱心。81歳のとき、旅行先のアメリカでふいにスピーチを頼まれて、通訳もいたのに自分で英語でスピーチをしたというエピソードもある。森岡ママは言語学者の娘でも、外交官の妻でもないのに、である。

1910年(明治43年)、広島市から100㎞以上離れた山あいの村で、まさ子さんは生まれた。父は農産物商を営み、家は決して裕福ではなかったが、母が読書家で「これからは英語を習っておいたほうがいい」とアドバイスされたという。それで女学校の英語コースに進学。卒業後は大阪の大丸百貨店に勤務し、夜間の学校に通って英文タイピストの資格を取った。8歳上の同郷の男性と出会い、結婚したのは21歳のとき。夫の森岡敏之さんは当時、大阪読売新聞の記者をしていた。

「結婚して間もないある日、うちのお父さん（夫）が私に言うたん。『フォスコ・マライーニというイタリア人の文化人類学者が今度、京都大学に初代外国人講師として招かれる。今日はそのレセプションに取材に行く。お前は外国人見たことないやろ。俺も見たことないから行くねん。めったにない機会やから一緒に連れて行くけれど、その人を見たらすぐにスーッと帰れよ』って。私は大丸にいたから実は外国人を見たことはあったけども、お父さんがあんまり嬉しそうなので、『はい』言うて付いていったんですよ。

そしたらね、会場の後ろのほうで、いいもの見つけたの。壁に貼り紙がしてあって、それ読んだら『家庭教師を求む。英語とイタリー語を勉強したい人歓迎。フォスコ・マライーニ』と書いてあった。〝ああ、これ、勉強したいな〟と思ってな、お父さんに『面接試験を受けてみたい』って言うたんです。そしたら怒られたん。『田舎の学校を出ただけのお前のようなもんが通るわけない。やめとけ』って。うちのお父さんは私と違って裕福な家庭に育ち、東京の慶應義塾大学を出てるんですよ。だけどこのときの彼の言葉に従ってたら、今日の私はなかったたね。『やめとけ』言われたけどね、お父さんに内緒で試験を受けに行っちゃった。積極性、いうかな、昔からアクティビティに生きとんのや〜、私」

この積極性と明るさで、まさ子さんは十数名の応募者の中から見事合格。

「お父さんの月給がその頃、30円じゃって。慶應大学出ても30円じゃって。それなのに、マライーニ家の子どもたちの勉強を見たり、先生の助手みたいな仕事をしたり、いろいろな勉強させてもらって、私には55円出ちょったん。たまげたよ、胸がどきどきした」

フォスコ・マライーニ氏は1938年に来日し、北海道大学に籍を置いてアイヌ民族の研究をしたのち、京都大学文学部でイタリア文学の講師を務めた。日本研究家として世界的に有名で、『Meeting with Japan』などの著書がある。

この師との出会いが、今日に続くまさ子さんの人生を決定づけた。

夫がマッカーサーを怒鳴りつけた日

97年間の長い歳月の中では、幾度となく絶望の淵に立たされてもきた。その最たるものが夫の被爆である。1941年に太平洋戦争が勃発し、夫に召集令状が届いたのは45年の夏。出征3日後の8月6日、広島に原爆が落とされた。ちょうどそのとき、敏之さんは軍の命令で広島市内で作業をしていた。

「命だけは失うことなく、お父さんは村に帰ってきた。だけど……。頭が20㎝ほども裂けて、腕には木釘が刺さり、片方の耳が半分ほどちぎれて、体中にガラスの破片がいっぱい刺さって……。まるで化け物のように変わり果ててしまった、その姿を見て私は涙がとめどなく溢れ出たよ……。でも、お父さんを助けられるのは私しかいない。そう思ったから、背中の肉に刺さったガラス片をピンセットでひとつずつ抜いていったんですよ」

高熱が続き、放射能のせいで髪が抜けて頭がつるつるになり、もがき、苦しみ、夫は生死の境を何度もさまよった。しかしまさ子さんは「私がこの人を生かすんだ。生かすんだ！」と心の中で叫びながら看病を続けた。そのかいあって終戦の1年後、マライーニ先生からまさ子さん宛に「会いたいから、軽井沢に来てくれ」という電報が届いたときには、「俺も行く」と言い出すほどの回復を夫は見せていた。

「その頃、マライーニ先生は占領軍のもとで、最高司令官マッカーサー元帥の通訳兼秘書のような仕事をしておられたんですよ。お父さんから被爆の話を聞くと、正義感に溢れた先生は被爆で苦しむ人に対して、占領軍に何らかの救済をしてもらえないだろうかと考えたわけね。それで私たち夫婦は、軽井沢の万平ホテルに避暑に来ていたマッカーサーに会うことになったんです。お父さんは一所懸命、原爆のむごさを訴えたよ。それを聞いたマッカーサーは『戦争を早く終わらせるために、どうしようもなかった』というような返事をして、側近の人に花束と原爆症に効くという薬を持ってこさせた。そのときです、『バカヤロー！』と叫んで、お父さんが薬瓶を床にたたきつけたのは。『原爆が落とされたのは広島が初めてだというのに、どうしてこの薬が効くとわかるんだ！』と怒鳴った」

矛盾。そして実体の見えぬ巨大な敵。ぶつける先のない辛さや怒りを抱えて、被爆者とその家族は生きなければならなかったのだ。

「そうだね、人生の中で何度も〝これはもうダメだ〟と思いましたよ。私はその後、農業をやったり、農家の娘たちのための学校をやってみたりしたけれど、ずーっと貧乏だった。被爆の後遺症に苦しむお父さんを抱えて、苦しかったよぉ。でも負けんかったんよ。苦しくても、いつも笑顔でいようと思ってた。そのうちに、原爆症には温泉のラジウムが効くと聞いて、この矢野温泉に移り住んだんです。6畳と4畳半の2間だけの家でお土産屋さんを始めたら、これが繁盛したん。それに温泉療養のおかげか、お父さんはだいぶ元気になってね。そんなところへマライーニ先生が訪ねてきてくれて、『本の執筆のために日本全国を取材に回るので、秘書として付いてきてほしい』と私に言うの。嬉しい話。でも夫を残して行くわけにいかない。お断りしようと思うてたら、『わかりました。まさ子を一緒に行かせましょう』とお父さんが言うてくれて……。あのときは嬉しかったねぇ」

この取材旅行には敏之さんも途中から同行している。それがきっかけで、大学時代には世界一周旅行をしたこともある敏之さんの旅心に火がついた。矢野に戻ってからも「旅に出たいのう」が口癖となった夫は、旅行代を安くすませるためにユースホステルの会員になった。そして日本各地を旅し、若者と触れ合って帰ってくると、ますます元気になっていて「今の若者も悪くない。日本の将来は安泰じゃ」「俺は生きたい、生きたいんだ！」と、まさ子さんを喜ばせる言葉を口にした。そしてある日、夫が言ったのだ。「まさ子よ、ここでユースホステルをやろうや」

原爆を作れた人間に、平和が作れないわけがない

「訪ねてくる若い旅人たちを、お父さんはすごーく可愛がったよぉ。『よう来た、よう来た』と言って、4畳半のコタツに足入れさせて、私に『ご馳走してやってくれ～』って言うけどね、何をご馳走したらいいんだろうか、貧乏で何もないがな～(笑)。でも〝そうだ、小麦粉と野菜があるから団子汁でも作ろうかいな〟と私も知恵を絞ったんよ。お父さんはいつも若者たちに言っていたな。『俺をよう見てくれ。たった一瞬で、こんな哀れな姿になった。むちゃくちゃ恐ろしい原爆のせいだよ。別に俺は恨んじゃおらん。けど、あんたらに頼みがある。俺をこんな姿にした原爆のような恐ろしいものも、人間が作ったんだろ。だったら平和も、人間が作れんことはないんだ。平和を作ってくれよ

～』と若者の手を握って、涙こぼしながら話していたな。お父さんの言葉、えかったよぉ。今もときどき思い出されますよ。若者たちもそうなんでしょう、だから一度来るとみんな何度でも『MGユースホステル』にやって来てくれた」

実際、『MGユースホステル』は実にリピーターが多く、愛用者たちの集いである『MGっ子ラリー』という大会も開かれていたほど。67年の『第3回MGっ子ラリー』は敏之さんの希望で広島平和記念館ホールで行われ、彼はこんな言葉を若者たちに託している。〝知らない者どうしが親切にし合って、お互いに幸福を感じたら、それが平和の第一歩になる。その平和を隣近所に広め、地域に広め、日本全体に広め、世界全体へと広めていけばいい〟

残念ながら、このラリーの直後に敏之さんは65歳で死去した。夫を亡くした哀しみから奮い立つようにして、まさ子さんは翌年、近くの丘の上にペンション風のおしゃれな新館を建てた。これが今の『MGユースホステル』である。夫の遺志を継いで、森岡ママはたくさんの人を温かく迎え入れてきた。現在、ユースをまかされている女性スタッフたちも、もちろん、森岡夫妻の育《はぐく》んできたものを大切に継承しようと頑張っている。

「ここに来たときは難しい顔してた人もね、帰るときはみんな、ぴかぴかの笑顔になっとるのよ〜。私らがずっと笑っとるからでしょうね。あんたらもまた、いつでもおいで。疲れたら、ここに帰ってくるんだよぉ〜」

（2007年5月24日　広島『自然の森　MGユースホステル』にて取材）

アイヌの哲学を知ってほしい

宇梶静江　古布絵作家、アイヌ・ウタリ連絡会代表

小さな四駆を運転して、待ち合わせ場所にやってきた。カッコイイですねと言うと、

「いやぁ、昨日の今日だもの。疲れちゃって」

やれやれという表情で宇梶さんが笑う。昨日、すなわちインタビューの前日が、2011年第45回吉川英治賞の授賞式だった。古布絵や絵本で国内外にアイヌ文化を伝えてきた功績で、宇梶さんは文化賞を受賞。自宅のあった千葉県木更津から都内のホテルの式場へ赴き、大勢の前でスピーチをしたのである。

宇梶静江　Shizue Ukaji

1933年、北海道浦河郡でアイヌの両親の下に生まれる。23歳で上京。38歳で朝日新聞に同胞への呼びかけを投稿。偏見や差別と闘い、アイヌの伝統を伝えるために東京ウタリ（同胞）会（現・関東ウタリ会）を立ち上げ、初代会長に就任。63歳から古布絵の制作を始め、国内外で注目を浴びる。2001年、アメリカ先住民との文化交流会に参加、ハーバード大学で講演。'03年、「アイヌ工芸作品コンテスト」優秀賞受賞。'11年、第45回吉川英治文化賞受賞。現在も、「チャシ アン カラの会」や、浦河アイヌ協会などの活動支援を続けている。

「今までずうっと、賞と関係ない顔で生きてきたからね、私もびっくらこいちゃってさ」

大らかな北海道弁で彼女は話す。

「こんな華々しい賞をもらうと『ええんでないの』と羨望の目で見る人もいるかもしれないけど、ちっともいいことないんです。長年、アイヌ問題に取り組んできて、ものすごく苦労してきました。誰だって、そんな苦労はしたくないよね。賞をもらえなくたって、苦労しない人生のほうが幸せ、って私は思うけど。でも、身内が喜んだんですよ。受賞して社会的に認められたことで、やっと、アイヌが解放されるひとつの道筋ができた、って」

冬の間に働いたお金を、父は宴会に使ってしまうの

宇梶さんが生まれたのは、北海道の日高山脈の麓にある浦河という小さな町だ。姉と兄に、弟が3人もいる大家族だった。

「私が小さい頃、父は夏には浜で昆布を採り、冬は雪の奥山で木材の切り出し

の仕事をしていました。どっちも辛い仕事でしたよ。あとになって知ったんですが、明治32年に出された北海道旧土人保護法のせいで、アイヌは田んぼや畑などの土地の権利も漁業権も、和人に奪われてしまったの。だから割の悪い仕事をして暮らしていくしかなかったんです」

彼女の使う「和人」という言葉は、大和民族、つまり本土出身の日本人を指す。ちなみにアイヌとは「人」を意味するアイヌ語だ。

「だけど貧しくとも、私の子供時代にはまだ、アイヌの良い習慣が残っていました。アイヌの世界では森羅万象に神が宿っているんです。火も水も風も、木々も草花も、虫もカエルも蛇もすべてが神さまで、それぞれが役割を持って人間を助けてくれる。たとえば『今年は春になっても蛇さんが出てこないから、何か災害が起きるぞ、注意しろ』とか言うわけさ。太古の昔から自然と共に生きてきたアイヌは、生き物の様子や、土の温度や星の位置や風の流れから、すべてを読み取る自然科学を身につけていたの。そういう教えを伝える物語がたくさんあって、囲炉裏端で年長者が私たち子供に語って聞かせてくれたんです」

自然を敬うと同時に、アイヌは人に対しても篤く、弱き者を助けて共に生きようとするメンタリティを持つ民族でもあった。

「父もそうでした。冬季の山の仕事は数回に分けて報酬をもらうんですが、春になって山から下りてくるときに持ち帰るお金を、父はいつも、年寄りをはじめ近所の人たちにふるまうために使ってしまうんです。刺身などのご馳走をありったけ、囲炉裏の周りに並べてね、飲ませて食わせて踊って歌って、うちに泊まり込みで大勢で宴会をするの。4日も5日もだよ。それで、うちのお金がなくなったら、みんなが帰っていくんです」

裕福な家でもないのに、なぜそんなことをお父さんはしたのだろうか。

「アイヌの生活が豊かだった昔は、そんなふうに何でも隣近所で分け合って食べていたんですよ。だけど和人の社会制度が敷かれてからは、どんどん貧しくなり、苦しいばかりでいいことひとつもないわけさ。私は東京に来てから、面白い映画や芝居を観たり、いい本を読んで、その世界に浸る幸せを知りました。でも故郷にはそういうものもなくて、厳しい現実ばかり。だから父は春だけでもせめて、みんなを幸せな気持ちにするために、昔ながらの風習の中で自分がやれることを、ひとつだけやっていたんだと思うんだよね」

20歳にして、ようやく中学に通えたんですよ

小学校低学年の頃、宇梶さんは学校の帰り道でいきなり同級生に「アイヌ！」と言われた。その言い方に聞き慣れない嫌な響きがあったことから、自分がアイヌであること、アイヌが差別されていることを知ったという。

「なんでだかわからない、いくら考えても差別されなければいけない理由がわからない。だけど進学、就職、結婚……何かにつけてまとわりついてくるのが、差別という煩《わずら》わしいものなんです。とにかく、まず直面するのは貧しさだよね。私も10歳を過ぎると学校へも行かずに、毎朝5時に起きて夜8時頃まで、父が借りていた田んぼや畑で働きました。弟も3人いたし、農作業のための馬や機具を買うのに農協から莫大な借金をしているから、とにかく働いて家計を助けねばならなかった。

15～16歳になると魚売りもやりました。魚が40kg入るブリキの缶を買って、

港で漁船が帰ってくるのを待っていて魚を売ってもらうんです。それを背負って、列車で1時間ぐらいの街へひとりで売りに行くの。『こんにちは、魚売りに来ました』って。そしたらね、夕方までに全部売れちゃうんですよ。1050円で仕入れた魚が3000円ぐらいになっちゃうの。最初に魚売りをした日のこと、今でも覚えてますよ。私は何でも黙ってやるほうだからね、その日も親に何も言わずに家を出た。ところが帰りが遅いでしょ、『静江が家出したんじゃないか』と父と母は心配で心配で、ストーブの前で息を殺して待っていた。そこへ私が帰って、怒られる前にお金を差し出したんです。次回の魚の仕入れ額を引いた、売り上げの2000円を。そしたら父ちゃんが黙って受け取るんですよ、ハハハハハ」

当時の2000円は結構な額だったはず。しかし生活力のあるたくましい少女も、本当は本を読んだり絵を描くことが好きで、勉強がしたくてたまらなかった。結婚した兄が農業と魚売りをすることになったのを機に、彼女は20歳にして札幌の私立中学校へ進学する。

「一気に世界が開けました。文字をひとつひとつ覚え、法律の条文を読んで、それでようやく政府がアイヌに対してしたことも知ったんです。本当に意地の悪いことをしたんだよね」

中学卒業後は上京し、喫茶店でアルバイトをしながら定時制高校へ通った。やがて店の客だった和人の男性と27歳で結婚。すぐに子を産んだが、家事や育児の合間にも高校に通い続け、長い年月をかけて卒業している。

静江さんの長男で俳優の宇梶剛士さんが、自著『不良品』の中で母についてこう書いている。〝高卒という学歴は、当時のアイヌ社会では極めてまれな高学歴だった。（中略）頭がよく、行動力があり、ソフィア・ローレンとあだ名されるほどの美貌の持ち主だった母の周りには、常にさまざまな人が集まった〟

「私はね、こっちには差別はないと思って、北海道から東京へやって来たんです。だけど実際には、貧困だとか性差だとかで、東京も差別だらけだということがわかった。なんで差別が起こるのか、どうしたらなくなるのか。いろんな本を読みました。そうして様々な社会問題に興味を持つ一方で、好きな詩を書くようになって。壺井繁治先生たちが出版されていた『詩人会議』に投稿すると、〝彗星のように現れた詩人〟と誉められた。うれしかったですね。誉められることなんてなかったから。

だけど当時の私は、広島の原爆は詩にできても、アイヌのことは書けなかった。奥さんをやって、子供たちを育てる東京の暮らしの中で、アイヌとしての自分を封印していたんです。もちろん心の中ではずっと苦しんでいたんですよ。だから、30代半ばで難病にかかって生死の境をさまよったときに、〝アイヌとして生きなければ後悔する〟と思ったんです」

宇梶さんは38歳で、朝日新聞に『ウタリ(同胞)たちよ、手をつなごう』という文章を投稿した。寝た子を起こすな、というアイヌからの批判も多かったが、それでも集まってきた同胞たちと一緒に、彼女は精力的に活動を始める。アイヌへの生活保護適用を求めて都議会に陳情に回り、都営住宅の優先入居を訴えた。仕事のない同胞の若者のために、2トントラックを借りて日曜日に廃品回収をした。彼女を頼ってやって来るアイヌの子弟たちが家に出入りし、外と内との境がなくなるにつれて、宇梶さんは家族と心を通わす時間を失ったのかもしれない。息子の剛士さんが家を飛び出したのは、中学1年のときだった。

「私に対して不信感を持ったんです。息子も息子なりに、生きづらかったんだろうね」

家族と離れた剛士さんが、高校時代に2000人を率いる暴走族の総長となって名を馳せたのは有名な話だ。彼が暴力事件に関わり、18歳で少年院に入って出院したときのこと。

「主人と私と剛士の3人で、『ご迷惑をかけました』と高校へ謝りに行ったんです。そうしたら『子供がグレてる家庭で、家族で挨拶に来たのは初めてだ』と校長先生に驚かれました」

母親からの差し入れのチャップリンの自伝を少年院の中で読んで、役者になる夢を抱いたというエピソードは、剛士さんがインタビューなどでしばしば語っていることである。

63歳で古布絵を始めました。〝伝える手段〟を得たんです

アイヌのひとりとして生を受けたことを、静江さんはずっと考え続けて人生を歩んできた。63歳で札幌の職業訓練校に1年間通い、アイヌ刺繡を習得した

のも「放っておくと消えてしまう民族の文化を、自分も身につけておかなければ」という気持ちからだった。

「札幌で学んでいるときでした。向こうの百貨店の企画展でたまたま、山菜やカブトムシをアップリケした布絵を見て、〝布で絵が描けるんだ！〟と雷に打たれたような衝撃を受けたんです。すぐに頭に浮かんだのは、アイヌの衣装の波形や渦巻きの図柄、それから民話や故郷の自然！　私たちの文化の中には無尽蔵にモチーフがあると思った。それで布絵を見た翌日からさっそく、私は古い布にアップリケや刺繍をする古布絵《こふえ》を作り始めたの」

初めての作品は、真っ赤な目のシマフクロウを描いたもの。〝カムイ・チカップ・カムイ（神の鳥の神）〟の題名を宇梶さんはつけた。

「〝アイヌ、ここにいますよ、ちゃんとアイヌを見てくれ〟という想いが、赤い目のフクロウに宿っているんですよ」

圧倒される力強さと温かみを併せ持つ宇梶さんの古布絵は、日本のみならず海外でも展示され、多くの人の心を動かしている。アイヌの神話を古布絵で表現した宇梶さん作の絵本『シマフクロウとサケ』『セミ神さまのお告げ』（共に福音館書店）にも深い哲学が横たわっている。

「絵本を見てくれましたか、いいでしょう？　絵をちゃんと学んだわけでもない私の古布絵は、雑巾の延長みたいなものだけど、昔から伝えられてきたアイヌの神話や叙情詩という土台があるから、絵本も古布絵も『見てください、感じてください』と胸を張って言えるんですよ。

小さい頃から貧乏で働かされてきたけれど、父は私が花を好きなことをちゃんと知っていてね。あるとき、『静江、川に行ってみれ』と言うから外に出てみると、見たこともないような見事なしゃくなげの枝が家の脇を流れる川に浸けられていたんです。12㎞ぐらい離れた山から、しゃくなげの花のいっぱいついた長い大きな枝を切り出して、父がしょってきてくれたの。私を喜ばせるために。

自然の恵みと人の温かさが交わった世界は、美しくて平和です。ものがなくても幸せなんですよ。この国に生まれて、アイヌの父や母や先祖から受け継いだ尊いものを、私もずっと伝えていかなければと思っているんです」

（2011年4月12日　千葉県木更津にて取材）

天職は一生の伴侶。男なんていらない

みな子

芸者

吉原と書いて、〝よしわら〟と読む。ご存じだろうか、浅草の浅草寺の北側、現在は台東区千束3丁目、4丁目になっているあたりはかつて吉原という地名だった。そこには江戸幕府公認の遊郭があり、1946年に公娼制度が廃止されるまでの300年以上もの間、妖しくも魅惑的な輝きを放っていた。

「私が20歳ぐらいまでの吉原は楽しかったですねぇ。その頃はまだ、江戸や明治の華やかだった時代の空気が残っていたのよね」

みな子さんは御年90歳にしてお座敷に上がる、現役の芸者。11歳で吉原へ奉

みな子さん　Minako

本名、長尾みつ。1919年、北海道生まれ。11歳で吉原に奉公に出る。16歳で一本の芸者となり、のちに〝最後の現役吉原芸者〟としても有名に。2010年５月没。享年90歳。著書『華より花』（主婦と生活社）、DVD『さわぎ　吉原仲之町　四代目みな子』（JAPANOLOGY MUSEUM）など。'05年の春から'10年１月までの密着したドキュメンタリー映画『最後の吉原芸者 四代目みな子姐さん ―吉原最後の証言記録―』（安原眞琴監督）が'15年に公開。海外でも上映され、好評を博している。http://makotooffice/net

公に入り、吉原で芸を身につけ、吉原で暮らした〝最後の吉原芸者〟である。吉原の生き字引のような存在で、役者をはじめとする舞台関係者、落語家、花柳界などに、かの遊里に伝わった独特の文化や芸事を教えることも多い。

「そもそも〝芸者〟っていう言葉は、吉原の芸者を指したものなんですよ。芸者は吉原が本場で、他所よりもグンと格が上だったの。だからわざわざ区別するために、他所の芸者のことを〝町芸者〟と呼んだくらいなんです」

こんな話も耳に新鮮だが、それ以前に遊郭である吉原に芸者がいたということ自体、今は知る人が少ないのではないだろうか。

「私がお座敷に出始めた頃は、花魁《おいらん》3000人、芸者120人って言われてました」

粋な上客は吉原のメインストリートに立ち並ぶ引手茶屋というところで、芸者や太鼓持ちの芸を存分に楽しんでから、花魁のいる貸座敷（遊女屋）へ繰り出したそうだ。

「私たちの芸が目当てで来るお客さんも多くてね、吉原は不夜城だから、夜じゅう、三味線や鼓の音が鳴っていたんです」

吉原に奉公に出たのは小学4年生のときでした

芸名・みな子さん、本名・長尾みつさんは北海道の石狩郡當別村（現在は当別町）で生まれ、7歳のときに一家で東京へやってきた。父はもともと青森の大きな農家の息子、母は金沢の士族の出。北海道で自転車屋を営んでいた父が「東京でもっと手広く商売をやらないか」と人から誘われて、東京での店や住まいをすべて用意してくれるというその人に全財産を託したのだが……。

「家族全員で上野駅でその人を待ってたんだけど、半日待っても現れやしないのよ。おとっつぁんが騙されちゃったのね。それで（家財が）からっぽになっちゃった」

それでもなんとか一家が東京で暮らして4年目のこと、浅草の馬道《うまみち》（現在の神谷バーと松屋浅草の間から北）へ引っ越すと、近所に吉原で芸者屋を営む人の妹が住んでいた。

「その人から私に『奉公に来ないか』という話が来たわけ。うちが貧乏だってこと、調べがついていたみたいですよ。だけどやっぱりね、おとっつぁんが心配して。吉原の貸座敷を10軒ぐらい回って、『吉原の芸者はからだを売らない、っていう話は本当ですか』と女将さんたちに聞いて確かめたという話です」

みな子さんは11歳で奉公に出た。7年の年季で父が得た報酬は170円。よその土地の芸者屋では同じ年季で500円、器量のよい娘には1000円近く出したところもあったというから、吉原が破格に安いことになる。

「それはね、私もよく師匠に言われたけど、『吉原の芸者は器量じゃ売らないんだよ、芸で売るのよ』っていうことなんです。芸の習い事にかかる費用のすべてを、芸者屋のご主人が出してくれる。そのお金は惜しまない。その代わりに『しっかり芸を身につけて、早く一本の芸者になって稼ぎなさい』というわけなのよ。あ、一人前になることを〝一本〟って言うんですけどね。

最初は寂しくて、奉公先から飛び出して、ひとりで家に帰ろうとしたこともありました。ところが歩き出しても、道がさっぱりわからないの。うちと吉原は目と鼻の先なのに、私を迎えに来た人が、遠回りして遠回りして吉原に連れてきたんですね。家に帰れないように。だけど、奉公に行って10日ぐらいたった頃かな、ご主人が三味線を持たせてくれて、その音がなんとも言えず好きだったのねぇ。それからは親のことなんか忘れちゃいましてね、芸のお稽古に夢中になっちゃった」

ちなみに吉原では芸者は個人営業で、〝一本〟になると、ひとりひとりが家を構える。みな子さんが奉公に入った家のご主人も、〝小みな〟という芸者だった。

「最初の1年間で、お座敷に出るのに必要なことを全部、たたき込まれました。礼儀作法はもちろん、小鼓、大鼓、太鼓などの鳴り物、三味線に踊り……。夜間小学校にも通ってたけど、勉強どころじゃないのよ、頭の中が三味線や太鼓の音でいっぱいで。家でおさらいをしていても、台所にいる小みな姐さんから『違うよ！　勘どころが悪いよ』と厳しい声が飛んでくる。〝勘どころ〟というのはですね、三味線は糸を指で押さえる場所を勘で探らなくちゃいけない、そこから来てるんです。ちなみに三味線の調弦を〝調子〟といって、調子を合わせるのに、普通は3年かかるの。それが、吉原の芸者は毎日稽古しますから、1年ぐらいでパッと頭に入っちゃう」

吉原では一夜のうちに桜並木ができちゃうのよ

みな子さんは奉公に出た1年後の12歳で、〝半玉〟（半人前の芸者）としてお座敷に上がるようになり、年季が明けた16歳のときに〝一本〟の芸者となった。

「私自身も16歳から三味線なんかを人に教える立場になりましたけど、芸は一生のものですから、昼間は自分のお稽古も続けて。それが終わるとお風呂に行って、身支度ととのえてきれいになって、お座敷に上がるんです。

陽が沈む頃になると、引手茶屋のちょうちんに明かりが灯って、茶屋の中から三味線や鼓の音が聞こえだして、街がだんだん活気づいていくの。そして夜が深まるにつれて、まるで万華鏡のようにきらきらと街が輝くんです。ほんとにね、夢のような光景でしたよ」

吉原は周囲をぐるりと堀に囲われており、廓《くるわ》の住人も外から来る客も、原則として玄関口である大門から出入りするようになっていた。大門を入るとすぐに植木棚があるのだが、

「これがまたすごいんです。桜の季節になると、一夜にして、この植木棚が桜

並木になっちゃうんですから。山から桜の木を持ってきて植え替えるんです。そんな贅沢をするのは、日本中、どこを探したって吉原だけですよ」

夜桜見物の人で賑わう季節が過ぎると、5月6月は植木棚に菖蒲が植えられた。盆を迎える7月8月には絹ばりの大きな行灯《あんどん》がずらりと並び、そこに描かれた人気の花魁や役者の絵が客を楽しませたという。

「吉原には四季があったんですよ。私たちの芸にしても、この季節にはこれ、と出し物が一年を通して決まっていました」

そうした芸を堪能するだけの客も多く、中には常連の女性客もいたそうだ。一方で、男の上客は豪勢に遊んでいたらしい。

「最も格の高い4軒の貸座敷には、引手茶屋を通さないと上がれないしくみでした。だから芸者の〝玉代《ぎょくだい》〟、花魁の〝揚げ代〟といった支払いを合わせると、今のお金で一晩で数百万円ということも珍しくなかった」

しかも格式のある貸座敷の花魁は、2度目までは手も握らせてもらえず、三回通って初めて客は思いを遂げられたとか。そこまでのお金と時間をつぎ込む豪気と鷹揚さがあればこそ、吉原特有の文化や芸が育ったのだ。

私は結婚することが、幸せだと思わない

しかし、そんな吉原の栄華も、戦争でかき消されてしまった。

「戦争が始まってもしばらくの間は、『吉原は爆撃を受けないだろう』って、みんな思ってたんですよ。『アメリカさんがもし日本にやってきても、吉原がなきゃ困るだろう。向こうだって、兵隊さんがいるんだから必要なんだ』なんて言ってたんだけど、とんでもない。

忘れもしません、昭和20年3月10日の深夜でした。空襲警報が鳴ったので外に出てみると、飛行機の大群が轟音を立てて上空を飛んでいて、まるで昼間のような明るさなのよ。吉原を出ると、通りは逃げまどう人、人、人。焼夷弾の雨の中を言問《こととい》通りのほうへ逃げようとしたら、誰かが『もう言問はダメだぞ。龍泉寺へ逃げろ！』と言う声が聞こえたので、そっちへ向かっていきました。途中に市電が3台並んでたんですけど、それが熱風でみるみるうちに焼け溶けていっちゃった。まわりの人が次々に倒れて動かなくなるし、もう、地獄絵ですよ。結局、吉原は焼け野原になって、三味線も着物もぜんぶ燃えちゃったの―

そんなみな子さんを戦後に父が探しに来て、一家で祖母のいる北海道へ移り住んだ。しかし、みな子さんはどうしてもまた芸者をやりたくて、数年後に浅草に戻っている。

戦後のお座敷は、かつてとは比較にならぬ寂しさだった。だが偶然に昔からの贔屓《ひいき》の客に出会い、その人が吉原で、以前みな子さんが住んでいた場所に家を建ててくれた。28歳で籍を入れずに彼と一緒になり、すぐに男の子が生まれた。ところが旦那が子供を認知するのを嫌がったため、愛想を尽かして別れを決意。3年半後に新しい旦那ができた。みな子さんがお茶屋に来ても来なくても、1年間毎日、彼女にお座敷をつけてくれた人だった。

「会ったって手も握らないのよ。ただ、お酒をつけるだけでした。それで、いい人だから一緒に暮らすようになって。息子ともうまくやってくれてたの。16年間連れ添って、旦那は病気で亡くなりました。以来、独り身です。でも今が一番いいわね。しちめんどくさいことを言う相手もいなくて、好きな芸だけやってりゃいいんだもの。ラクよね。旦那はいたけど、私は若い頃から結婚する気はさらさらなかったの。結婚することが幸せだと思わないから」

でも、男の人はいたほうが……。

「いらない」

いらない？　きっぱりしてますね。

「『ラッパ節』って唄にもあるのよ。〝芸者商売さらりとやめて、焦《こ》がるる主と添うてみたけれどままならぬ。朝起きて水仕事、しろと（素人）は辛い〜ね、ってなこと言うてまた逆もどり〜〟ってね（笑）。同じ吉原の人間でも、花魁は辛い思いをしてるから、旦那ができるとずーっと添い遂げるんです。でも芸者はたいがい〝また逆もどり〟」

芸者がそれほど楽しい職業だということ？

「そう！　来世も吉原芸者になりたいの。芸事が好きなら、こんなにいい仕事はないですよ。いつもきれいにしていられるし。いくつになっても自分の力で食べていけるんだもの」

三味線や常磐津《ときわず》の名取であるみな子さんは、90歳になってもお座敷に上り、週に3日、お弟子さんたちに稽古をつけていた。一番幸せを感じるのは、やはり三味線を弾いているときですか、と聞くと、

「そりゃあ、呑んでるときよね」

と返ってきた。健康のために医者から「日本酒を一日2合まで」と言われているが、どうやら守れていないらしい。

「煙草は80歳まで吸ってました。肉が好きで野菜は食べないの。それでも90歳まで生きて、どこも悪くなくて、まだ自分で稼いでるんだもの、誰も文句は言えないでしょう？（笑）」

取材後、家まで車で送ろうとすると「寄るところがあるから」とみな子さん。まだ一杯やるには陽が高いのに。

「あら、時間なんて関係ないわよ」

そう言うと粋な姐さんは、行きつけの寿司屋がある浅草の街へひとりで消えていった。

（2009年11月28日　東京・浅草「ちんや」にて取材）

力をつけなさい、いろんな力を

相磯まつ江　弁護士

新宿駅からほど近い、大手家電量販店の向かい側のビル。その3階に相磯《あいそ》まつ江さんが構える『新宿西口法律事務所』はある。こんな一等地にすごいですね、と言うと、

「この事務所はね、昭和50年に借金して買ったんです。当時5000万円だったの。それからこのあたり、グングンと栄えてきたでしょう。やっぱり、先見の明があったのよねぇ」

86歳の現役弁護士は、誰にも負けそうもない大きな声で言って、ハハハと豪

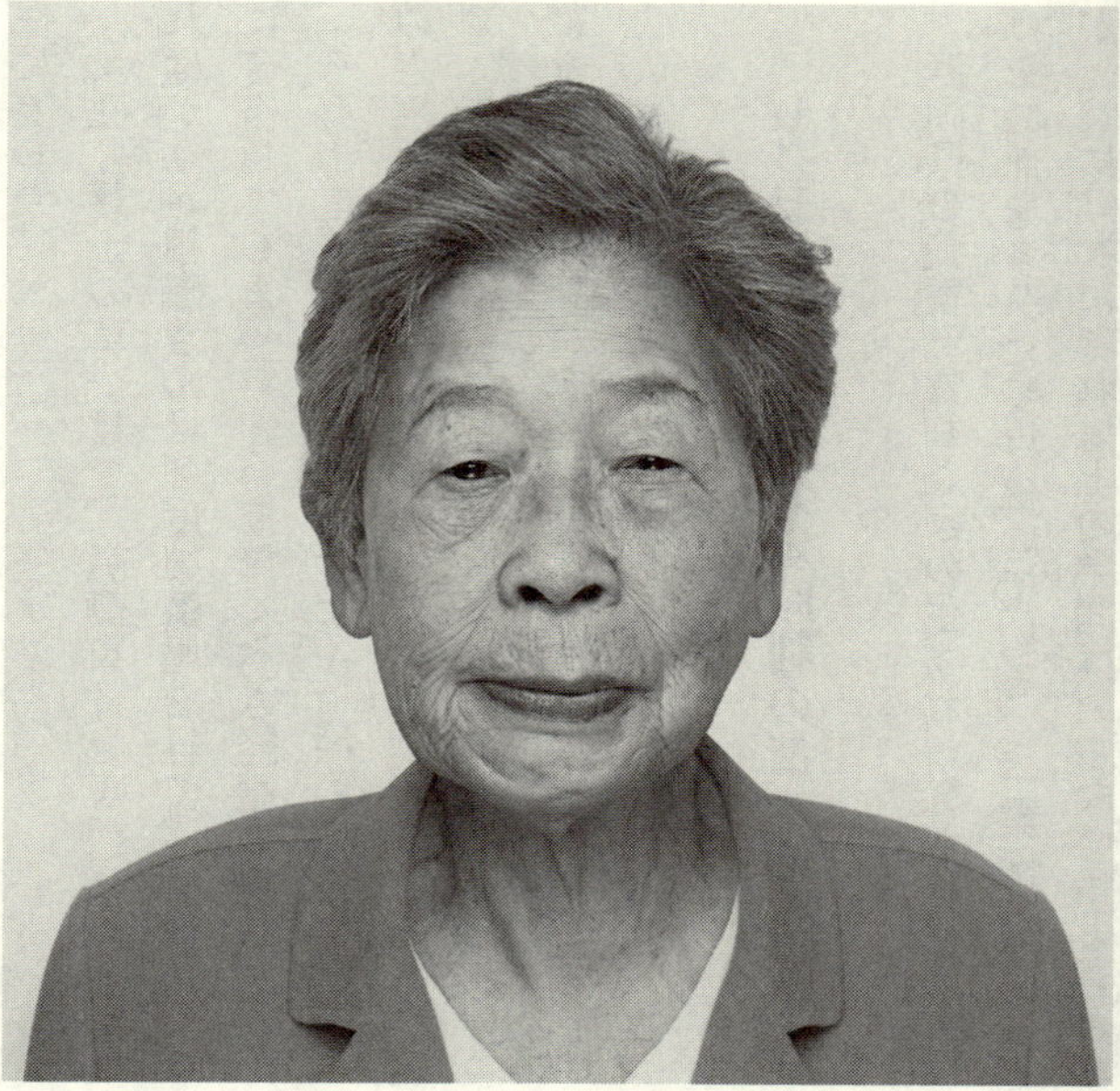

相磯まつ江さん　Matsue Aiso

1922年、静岡県生まれ。静岡県立大仁高等女学校卒業後、三島市立東小学校教諭をしながら、静岡県立三島北高等学校定時制で学ぶ。27歳で日本大学短期大学部経済学部定時制に入学。29歳で上京し、日本大学法学部3年に編入学。30歳、大学4年在学中に司法試験に合格。女性初の労働事件を扱う弁護士となる。砂川闘争、朝日訴訟、国会乱闘事件などに携わる一方で、37歳で3度目の結婚をし、夫婦別姓を貫く。現在はやはり弁護士である娘の芹澤眞澄さんとともに『新宿西口法律事務所』を経営。2016年現在も、弁護士として活躍中。

快に笑った。

女性弁護士の草分けで、労働事件を専門に扱ってきた稀有な存在である。それればかりか相磯さんは2度の離婚を経て、30歳にして、なんと一発で司法試験に合格してしまったという驚くべき経歴の持ち主だ。

「そう！　努力と苦労の人生よ〜。姑《しゅうとめ》のすごい虐《いじ》めにあったりしてね。昔は女の人権なんて何もなかったんですよ。女は結婚しか道がなくて、嫁のもらい手がないと未来がないも同然だった。嫁に行ったら行ったで、夫や姑の言いなりにならなきゃいけなくて。一言でも反論したら、もう大変。そんな時代もあったんです。今からすると嘘みたいでしょ」

署名運動で、日大定時制の第1期生に

静岡県の養蚕も営む農家の生まれ。父が政治好きで、正義感の強い相磯さんはその血を多分に受け継いでいる。学業優秀で大学進学を望んだ彼女だったたが、父に「女にこれ以上の学問はいらない」と言われ、女学校を首席で卒業す

ると小学校の代用教員になった。

「わずか16歳でね。男たちが次々に戦場へ駆り出された時代ですから、私みたいに年端もいかぬ少女も当時は教員にあてがわれたの」

しばらくして代用教員から正教員になれたが、「この仕事は自分に向いていない」と思った相磯さんは教師の職を辞し、21歳で名古屋の軍人と見合い結婚をした。ところが結婚して約半年後の正月のこと。婚家から里帰りを促された彼女が静岡の実家でくつろいでいると、なんと、突然、荒縄でくくられた嫁入り道具が送り返されてきたという。

「青天の霹靂《へきれき》ですよ！　目の前が真っ暗になりました。あとで考えると、どうやら姑に気に入られなかったらしい。だけど一方的に荷物を送り返されるなんてね……。相磯家の恥、ということになるわけです、その当時、三行半《みくだりはん》を突きつけられた娘なんていうのは。立つ瀬がないし、この先どうしていいのかわからないしで、私はただただ泣き暮らしました」

2度目の結婚をしたのは23歳のとき。

「結婚して子供を産むことしか女の生きる道はない、と思い込んでいたので、人に勧められるままに地元の三島の寺へ嫁いだのです。夫は私大出のちょっとしたインテリ住職でした。ところが、川の字に布団を敷いた真ん中へ、姑が寝るのよね。そういう姑がいたんですよ、昔は。早く旦那に死なれたもので、ひとり息子を嫁にとられたくなかったのね。それで焼きもちやいて、夫婦の間に入り込んでくる。また夫がそれに追従するわけです。長女を出産したあたりから、夫も姑も私を完全に無視するようになって、犬猫にも劣る扱いを受けました。それで耐えきれなくなり、幼子を残して、後ろ髪をひかれる想いで婚家から逃げ出したんです」

2度も結婚に破れた身、もはや実家へ帰ることはできない……。そう思った相磯さんが泣きついた先は、独身時代に勤めた小学校で、彼女をかってくれていた校長の元だった。

「捨てる神あれば拾う神ありで、校長先生は『相磯さんは優秀な教師だった。あなたを雇うのは願ってもないことだ』と言ってくれました。着の身着のままで私が婚家を飛び出したのは2月でしたが、3月まで教師の空きがないので、それまでは給食婦として雇ってあげようと言ってくれて。お金も持たず、住むところもない私が、学校の宿直室や畳敷きの作法室で寝起きすることも許してくれたんです」

教師として再び教壇に立つと、学校に寝泊まりする相磯さんを見かねた教え子の親が、自宅の2階を無償で貸すと申し出てくれた。

「その間借りしていた家の近所に、三島北高という高校があって。夜になると家の前をぞろぞろと人が通って、そこに入っていくのね。あれはいったい何だろうと思って、それで初めて夜学というものがあることを知ったんです」

こうして昼間は小学校で教え、夜は三島北高の定時制に通う相磯さんの生活が始まった。

「嬉しかったねぇ〜。また勉強できるなんて、本当に幸せだった。ワクワクしました。だから私、定時制に通う同志たちと一緒に運動もしたんですよ。地元に日本大学の三島校があったけれど、私たちは仕事があるから、定時制高校を出たあと、昼間の大学には通えないでしょ。それで日大に夜間部を作ってほしいと署名運動をしたのよね。これが実ったの！　日本大学短期大学部経済学部定時制の、私たちは記念すべき第1期生なんです」

この夜間大学に進んだことで、彼女の世界が一気に開けた。

「ほんとに面白かったねぇ、学問は。相磯さんって言えば有名だったですよ。いつも一番前に席をとって、目を大きく見開いて、教授の言うことを一言も聞き逃すまいと、食い入るように講義を聴いている熱心な生徒だったから。マックス・ヴェーバーの経済学とかね、今でも覚えていますよ。世の中というのは、決してひとところに留まらないで進化する。しかも、ただ平凡に進化するんじゃなくて、らせん形を描いて進化する、って。なるほどなぁ、マックス・ヴェーバーっていうのはすごいな、と感心してね。それからコントの社会学、あれも面白かったね。

できたばかりの日大の定時制には、素晴らしい教授が臨時で教えに来ていたんです。それで私は高名な民法学者の沼義雄教授に、大勢の前で誉められたんですよ。『これだけうまい答案を書く生徒はかっていなかった。あなたは上京して私のゼミに来て、法律を学びなさい。そして司法試験を受けてみなさい』って」

司法試験に5年、10年かかると思って家を買った

昭和27年4月、相磯さんは勇んで上京した。沼教授のゼミがある、日本大学法学部3年に編入学するために。このとき29歳。何歳からだって、いつからだって、人生はやり直せる——そのことを教えてくれる逸話である。

「上京などの資金は、学校の先生をやっている間に貯めたお金を充《あ》てました。粗食でね、安い魚や、菜っ葉ひとつ買っておかずにして、贅沢しないでコツコツ貯めていたのよ。楽しかったよ、そういう生活も。東京では最初、水道橋に3畳一間の部屋を家賃500円で借りたんです。その部屋で、上京した年の7月に『よし、司法試験を受ける！』と心に決めたわけ。

私はまずね、誓いを立てた。墨をすって筆で書いたんです。——わたくしは司法試験に必ず1回で合格しなければならない。固く誓う——と。この誓いの書を額に入れて、勉強机の上に立てて、日夜それを見ては『受からせてください！』と拝みながら勉強に励んだの。いやぁ、人生であれほど密度の濃い日々はなかった。まったくね、一日が1時間ぐらいの密度の濃さなのよ。まるで水

が土に染みいるように、六法全書の条文がスーッとからだの中に沁みていくんだよ。嬉しかったねぇ！」

貧しさに耐えることも、血の滲むような努力をすることも、相磯さんにとって何の苦でもないのだ。むしろ「楽しかった」と何度も口にする。

「だって、頑張れば必ず結果が出ることだもの。頑張るのは楽しいじゃないですか。自分の望まざる人生を歩まなければならない理不尽な結婚生活に比べたら、まるで天国よ！」

司法試験は7月の論文試験と10月の口述試験の2回。わずか1年少々の試験勉強で、相磯さんはその難関を突破してしまったのだ。

「先に発表を見に行った人がいて、『すごいぞ、女の学生がひとり受かってるぞ！』って、それが私だった。日大で女性で司法試験に受かった第1号よ。しかも普通は5年、10年かかる司法試験に、大学在学中に一発で合格したんだから、我ながらよくやったと最高に嬉しかったね。それに結構、いい成績で受かっていたのよ」

1回で受かる自信がありましたか？

「まさか！　夢にも思わなかった。だから家を買っているんですよ、筆記試験と口述試験の間に。司法試験を目指すとなると、とうてい1回で受かるわけがない。みなさん、受かるまでに5年、10年かかっているのだから、私もそうなるだろうと思っていたの。だとすると、持っていた僅かなお金を大事にしなければいけないでしょ。それで考えて、東中野の小さな20坪の借地に、吹けば飛ぶような小さなボロ家が建っているのを、当時たった25万円というお金で買ったんです。その1階に自分が住み、2階を人に貸して、僅かな家賃収入で、これから先の5年、10年をなんとか食いつないで司法試験に臨む覚悟だったんですよね」

敗戦によって、最大の得をしたのは女性ですよ

30歳で司法試験に通った相磯さんは、2年間の司法修習を経て、33歳で晴れて弁護士となった。明治時代に弁護士制度ができてから、推定14人目の女性弁護士にあたるらしい。

「女の弁護士は珍しかったし、年増だったし、雇ってくれるところがなかなかなくて。ようやく入れてくれたのが労働旬報法律事務所でした。その頃、労働者のストライキが頻発していたんです。特に繊維工場の女性労働者は、苛酷な労働で賃金が安くて、労働条件の改善を訴えるストライキをすると、すぐに首を切られるので弁護士を必要としていた。そういう窮状を目の当たりにすると、私も正義感に燃えちゃってね、それで私はまたアジ演説がうまかったものだから、あちこちの労働ストライキから引っ張りだこでした」

相磯さんは男女同権をはじめ、「あらゆる人たちの人権を守る弁護士になりたい」という志のもとに、主に社会的弱者のための弁護活動に情熱を注いだ。そうした多忙の中で、37歳のときに3度目の結婚もしている。相手は三島の定時制高校の下級生で、やはり弁護士となった7歳下の故・芹澤孝雄氏。昭和50年に亡き夫と開設したのが『新宿西口法律事務所』で、芹澤氏との間に昭和38年に生まれた娘も弁護士となり、母娘が同じ事務所で働くという幸せな現在が相磯さんにある。

「辛いことも多かったけど、私は強い星のもとに生まれてきたみたい。人生にはいろいろなことがあるけどね、きっとあなたたちにも、これまでもこれからも、いろんなことがあると思うけど、負けちゃダメだよ。負けないためには、とにかく力をつけることが一番大事なの。いろんな意味において、力をつけなさい。体力もそうだし、金の力を持つこともそうだし、知恵の力を養うことも大切。自分が持てる限りのいろいろな力を、女性も身につけて強くならなきゃ。それが私の哲学よ」

こう言って、相磯さんから出た言葉がまた、ハッとさせられるものだった。

「嫁に行くことがすべてだった戦前の女性に比べて、戦後の女性はなんと自由で強くなったことか。敗戦で最大の得をしたのは女性です。戦争に負けていなかったら男女平等もなければ、女性の権利がこれほど認められることもなかった。これは実感です。そういう意味では、敗戦は決して悪くもなかったのよ」

この、物事を俯瞰で観る視線こそ、さまざまな時代を生き抜いた女ならではの鋭さなのだ。

（2009年2月25日　東京・新宿『新宿西口法律事務所にて取材）

〝いらないこと〟をしないとダメなんです

関民

帽子デザイナー「関民　帽子アトリエ」主宰

風がおだやかに吹き、木漏れ日が揺れている東京・国立《くにたち》、一橋大学の裏通り。そこに昔からある小さな帽子屋さんを、街で知らない人はきっといない。木造の古い日本家屋に、白いレースのカーテンをかけたウインドーの、どこかなつかしい可愛らしさ。木枠のガラス窓に手作りのおしゃれな帽子が並び、軒下に吊るされたランタン形の看板に『関民　帽子アトリエ』の文字が見える。

主人である関《せき》民《たみ》さんも、店同様にまるで童話から抜け出たような雰囲気の人だ。銀髪にサテンのブラウス、ドロップタイプのピアスにパールのネックレ

関 民さん　Tami Seki

1919年、日本統治時代の現・北朝鮮に生まれる。第二次世界大戦終戦後、帰国。27歳で上京し、帽子デザイナーの平田暁夫氏に師事。作家の故・山口 瞳氏の著書にも登場する芸術家の関 頑亭氏と36歳で結婚。国立の住まいの一角に『関 民　帽子アトリエ』を開く。オーダーメイドで帽子を作りながら弟子を育て、NHK学園オープンスクール製帽科の講師も91歳まで務め、亡くなる2日前まで弟子を指導した。2010年12月30日没。享年91歳。2016年現在、工房は『アトリエ関』と名を変えて、師の遺志を継いだ弟子たちの作品を販売している。

ス。腕にもパールのブレスレットを重ねづけするおしゃれさだが、中指には指ぬきをはめ、白い前掛けを着けているので彼女が仕事をする人なのだとわかる。

「もう60年もここでアトリエを構えています。はい、私は帽子作り一筋。ものの作り手にもふた通りいますね。同じことを淡々と続ける職人と、そこに時代の風や流行を取り入れる作家と。私は後者でありたいと思っているの」

こう話してから、「たとえばこの帽子」と、アトリエの壁に掛かっていたメタリック素材のハットを手に取った。格好良くかぶり、前に長く垂らした飾りを指で揺らして言う。

「昔はこれがなかったけれど。こんな飾りをひとつ下げることで今年の流行の帽子になるわけです。この1~2年は乱れが入るんです」

常に時代を感じようとする姿勢、91歳の帽子デザイナーが現役で活躍する所《ゆえ》以《ん》である。

帽子作りと聞くと、お金持ちの奥様相手の優雅な暮らしを想像するが、

「私は大変貧乏な芸術家と結婚しましてね、子供もふたりいましたし、生活のために一所懸命に帽子を作ってきたんですよ」

胸を張るようにして言った。

修業時代、居酒屋を開いて生活費をまかないました

「人の役に立てればいいと思う心が、私には元々あるんです。小さい頃からそうなの。人のために何かをすることが喜びでした。なけなしのお金で毛糸を買ってきても、自分のものではなく、いつの間にか兄弟のセーターや靴下を編んでいる、そういう性格なんですね」

日本統治時代の北朝鮮で旅館業を営む両親のもとに民さんは生まれた。第二次世界大戦が終結し、命からがら引き揚げてきたのは26歳のときだ。帰国すると博多の親類宅に一家で身を寄せ、敗戦で茫然自失となった父母のかわりに、5人兄弟の長女である彼女が闇市で電球を売って家計を支えたという。そんなある日のこと。

「朝鮮から引き揚げるときに、女とわかると危険なので私は男装をして、頭も坊主刈りにして逃げてきたんです。その坊主頭を隠すために、父のソフト帽の

つばを切ってトルコ帽のように縫い直してかぶってみたら、とっても可愛くなって。それで〝帽子っていいな、自分で作ってみたいな〟と思ったんですよね」

27歳で、帽子作りを学ぶために上京した。当時25歳の若さで、すでに帽子製作の第一人者として活躍していた平田暁夫氏に師事。

「昼間は西荻窪にあった平田先生のアトリエに通って。同じ西荻窪に自分で居酒屋を開いて、夜はそこで働いて生活費を作りました」

どうして居酒屋をやろうと？

「一番の早道でした。お金も道具も技もない〝無〟の状態から、何かを生み出すための。それで、あばら家を借りてね。わずかなお金で一升瓶とコップ3つを買えば店が始められるでしょう？　何杯か売れたお金で流しを作り、次にカウンターをこしらえて……というふうに段々にお店らしくしていったんです。

何事もそうだと思うけれど、いっぺんに完成形を目指そうとしないで、最初はささやかでも、少しずつ成長していくように努力すれば、それでいいんじゃないかな。今の若い人は〝全部用意してからでないと〟と思うみたいだけれど。だからいつまでも始められない、ということだってありますよね」

無からでも始められる、という言葉、今のようなモノの溢れた時代に聞くと、むしろ勇気が湧いてくる。

「私の居酒屋は繁盛しました。当時の西荻窪には、作家や芸術家や編集者といった、お酒が安いに越したことはない人たちが多く暮らしていましたから。で、その中に、うちの頑亭《がんてい》さん、のちに夫になる人がいたわけなのよ」

十分じゃなくて、十二分にすればなんでも成就する

関頑亭さんは、民さんと同い年で、画家で仏像の彫刻家でもある芸術家。

「出会った当時、彼は戦争で焼けてしまった中野のお寺の復興のために奉仕していました。戦後の貧しい時代に、他人のものを奪うことを考える人はいても、無償で働こうという人はなかなかいなかった。描いた絵を見せてもらうと、それはそれは立派な絵ですしね、〝この人がいい！〟と惚れ込んでしまって、国立の彼の家に押しかけちゃったんです」

なんと大胆な……。

「だって居酒屋とは言うものの、飲み屋さんをしている女なんか、彼のご家族は喜んで受け入れませんよ。だけど、いつしか家に入り込んで、押しかけ女房になっちゃったの。私は帽子が作れましたから、芸術に生きる彼を、支えてあげたいと思ったんです」

36歳で、当時としては遅い結婚をすると、国立の自宅の一角に帽子のアトリエを設け、教室を開いた。さらに長男と長女を相次いで出産し、仕事と育児と家事でフル稼働の日々を、民さんは過ごした。

「子育てをしているときは毎朝4時に起きました。そして、子供が起きるまでの約3時間で、帽子の仕事を集中してやってしまうんです。7時頃になって子供が目覚めて泣き声を上げると、寝床へ飛んでいって、布団の上で子供をしっかり抱きしめてあげました。抱っこされるのはもう嫌だと子供がむずかるまで、しっかりと抱くんです。そうすると子供は安心して私から離れて、一日中満ち足りた気持ちでいてくれたようですよ。

宅配便のない時代ですから、下の子をおんぶして、上の子の手をひいて、完成した帽子をお届けに行ったこともありました。親の私はせつない気持ちだったけれど、今はロイター通信社に勤める娘が『お母さん、あのとき一緒に行ったわよね』って。子供は案外、良い想い出として持っていてくれるものですね」

家計は民さんの帽子作り一手にかかっているのだから必死だった。アトリエを構えた当初は店でお客を待つだけでなく、街の祭りのときなどにワゴンに帽子を並べて路上で売ったこともあるという。売れましたかと聞くと、

「一所懸命だから売れます。十分ではなくて、十二分にやれば、事はなんでも成就します。一所懸命作って一所懸命売るのよ。いい加減じゃ、誰も大事なお財布を開けてくれません」

強く、迷いのない答えが返ってきた。

「それに、国立という街に帽子が似合うんです。当時は隣の立川に進駐軍がいて、外国のご婦人や、将校夫人が帽子を作りに来てくれたし。国立には国立音大という大学があって、音楽を志す良家の子女が全国から集まっていました。そうした方々が、季節に合わせて年に4つは帽子をお作りになりましたよ」

多くの顧客を持ち、弟子も育てる民さんだったが、彼女は58歳のときに再び平田暁夫氏に教えを乞うている。実績のあるベテランの帽子デザイナーなのだ

から、〝先生〟の座に胡座《あぐら》をかいていてもよさそうなのに、なぜ、もう一度学ぼうとしたのだろう？

「私は一生、自分を高めていたいんです。実はその頃、行き詰まりを感じていたの。それまでの帽子作りには木型を使っていましたが、木型だと同じ形のものしかできないんですね。そんなときに、平田先生がフランスで3年間勉強して帰国された。あちらでは当時、ココ・シャネルをはじめとするファッションや帽子のアトリエが、それぞれ独自のシルエットやデザインの帽子を作っていました。平田先生はとても才能のある方なので、そうしたアトリエに入り、最新の技術を習得して帰られました。それを教えていただきたくて、先生の元に通ったわけなの。

木型ではなく、フランス語でスパットリと呼ばれる薄い檜《ひのき》素材を使うんです。これを水に濡らして柔らかくすると、自分の好きな形が自由に作れます。つまり、そのお客様だけの帽子の型ができるというわけです。今も私はこの方法で帽子を作っているの。平田先生という素晴らしい師のおかげで、私の帽子作りの寿命が延びたんです」

60年の帽子作りの中で一番うれしかったこと

今年の春先のことだった。民さんにとって「60年の帽子作りの中で一番うれしい」出来事があった。

「ある日、若い男の方がアトリエにいらして。『4月に故郷へ帰るのですが、大学生活を過ごした〝国立〟を持って帰りたいから、僕に帽子を作ってください』っておっしゃるんですよ。うれしかったわ、ほんとに。以前からうちの前を通りかかって、気に留めてくださっていたらしいの。ちゃんと作ってお送りしました。すごくいい帽子ですよ、その帽子も」

婦人ものがメインなので、男性の帽子はハンチング型一型しか作らない。

「ほら、これがね……」と言って、民さんは作業机の上にあった布地の重なりを手に取って見せてくれた。グレーの布地には、人の名字と、丸い〝月〟という文字がチェーンステッチで刺繍されていた。

「男の人の帽子の内側には、この布地を貼り付けるのが私流なんです。なくされてもちゃんと見つかるように、その方の名字と、その方の好きな言葉をこうして刺繍するんですよ」

布地をめくると、一枚一枚に〝花〟〝雪〟〝風〟といった文字が、紳士たちの名字と一緒に温かみのあるステッチで添えられている。

「しゃれているでしょう。みなさん、ボロボロになるまでかぶってくださいます。だから、男の人の帽子はしっかり作らないといけないの。男性は帽子をあまり作らないで、そればっかりかぶるんですから」

たくさん売れれば良し、ではないのだ。民さんの帽子には真心がこもっている。しかもその心は押しつけがましいものではない。

「あのね、ちょっと喜んでくだされぱいいのよね。たくさん喜んでくださらなくても。瞬間だけでもいいの。ちょっとだけ、〝おっ〟と思ってくださればね、それが一番いいのよ」

確かにそんな小さな喜びの積み重ねが、私たちの人生を楽しくしていくのかもしれない。

「裏地にも凝ったりして、いらないことばっかりしているから手間がかかります。でも、いらないことが大切なんです。私のアトリエに勉強に来る人には、みなさんに雑用もやっていただくの。掃除とか買い物とか、来客にお茶を出したりとか、人に気を使うことも。そういう、いらないことができる人じゃないと、いい帽子は作れません。何でもそうでしょうけれど、ひとつのことだけやっていればいい、と思っていてはダメよね。いらないことをする中から『もっとこうすればいいんじゃないか』と、次へ進むアイデアが湧いてくるんです」

生きるヒントとなるような言葉が、次々に飛び出す。本当に魔法のような帽子屋さんが、国立の大学の裏通りにひっそりと今日もある。

（2010年9月29日　東京・国立『関民　帽子アトリエ』にて取材）

何があっても、へこたれません！

小泉清子

鈴乃屋会長、着物デザイナー

東京・上野広小路の松坂屋の前に、優雅な曲線を持つ大きなビルがそびえている。地上8階、地下2階の堂々たる風格。鈴乃屋上野本店である。東京の一等地にこんなに立派な店を、小泉清子《きよこ》さんは彼女一代で築いた。

「はじめは間口2間《けん》、奥行き6間のたった12坪の店だったんですよ。夫が戦死して幼い子供たちを抱えて、これからどうやって生きていこうかというときに、好きだった着物の店をやろうと決めたんです。それが28歳だから、もう60年以上もずーっと着物一筋なわけ」

小泉清子さん　Kiyoko Koizumi

1918年、東京都生まれ。東京府立第一高等女学校卒業後、内務省に勤務。'47年、上野広小路に『鈴乃屋』を創業。伝統を重んじると同時に、上下に分けたツーピース着物など革新的なアイデア商品を次々に開発。戦後初の大呉服展示会や着物のファッションショーを開催。皇族や著名人の顧客も多く、全国にチェーン・ストアを展開。全国商工会議所女性会連合会名誉会長なども務める。'84年『山河燃ゆ』から2015年『花燃ゆ』まで、NHK大河ドラマの衣装考証を担当。'07年には衣裳考証での長年の功績により、第15回橋田賞特別賞を受賞。

明朗な語り口。90歳を超えてもなお鈴乃屋会長として、全国のチェーン・ストアを回るなど多忙な日々を送っていた。よく疲れませんね、と聞くと、

「そうねぇ、たとえば休みを週に2日間もとると、そのほうがおかしくなっちゃいそうなのよね」

こう言ってチャーミングな笑顔を見せる。

生まれも育ちも東京上野。父は紳士物の下着類の製造販売業を営み、小泉さんが小学生の頃は、逗子に夏用の別邸を構えるほどの暮らしぶりだった。しかし……。

「昭和2年の金融恐慌以降、日本はものすごい不況に見舞われたんです。大切な着物を質屋に入れて、一升《ます》でお米を買うような悲惨な生活が長く続いたの。昭和4年に浜口内閣が発足しましたが、翌年には総理が東京駅で狙撃されてしまうという暗黒の時代。景気の著しい悪化の中で政治、軍事、外交のすべての歯車が噛み合わなくなり、それが大東亜戦争へつながっていったんだと私は思うんです」

そんな時代のあおりで、どんなに誠意を持って商いをしても報われない父の

姿を見て、小泉さんは「商売は嫌だ。自分は絶対にしない」と心に誓ったのだという。

「教師になるのが夢でした。着物姿で教壇に立つ先生方の姿に憧れたのね。着物は幼い頃から大好きだった。経済的に大変苦しいときでも、春夏秋冬の着物だけはキチッと着させてくれた母のおかげです。それで一所懸命に勉強して、第一高女から師範学校へ進もうとしたのだけれど、緊張のあまり試験に失敗しちゃったんですよ。で、内務省に入って高等官の秘書になりましたが、それでも私、小紋の着物に紺の袴をはいて足下は編み上げ靴という、格好だけはいわゆる女教師スタイルでお役所に通っていたんです」

おしゃれをして仕事に出かける、キャリアウーマンの先駆けだったのだ。さらに和裁、生け花、茶道と、今風にアフターファイブのお稽古事にも熱心だった。男性とドライブやデートもした。呉服屋に勤めるその人と結婚したのが昭和14年、21歳のとき。まもなく2児に恵まれた。戦局が拡大し、世の中には不穏な空気が流れていたが、夫に召集令状が来る昭和18年までの結婚後の4年間が、彼女の半生の中で一番穏やかな幸福に満ちた日々だった。

焼け野原のもんぺ姿を、美しい着物姿に変えたい！

「昭和20年の終戦を迎えても、夫は戦地から帰ってきませんでした。戦死の知らせを受けたときは無意識に外に出ていて。雨の真夜中にひとりで歩いて、ふと気がつくと真っ暗な隅田川のほとりに立っていた。そして川に向かって、『誰があの人を殺した！』と叫んでいました。泣いても泣いても涙は途切れなかった……。

でも幼い娘と息子を抱えて、女ひとりでなんとか生きていかなきゃなりません。東京は焼夷弾で80％が焼けたんです。上野から東京湾までザーッと見渡せる焼け野原。そこへ疎開先から続々と人が帰ってくる。わずかな荷物の入ったリュックをしょって、女の人ももんぺ姿でみんな、焼けてしまった自分の家の整地を始めた。それを見ていて私は『あぁ、平和が戻ってきたのだから、煤《すす》けた真っ黒いもんぺじゃなくて、一刻も早く、みんながまた着物を着られるようになってほしい』と思ったんです。『ひとりでもふたりでも美しい着物を着るようになれば、東京も少しは明るくなるんじゃないか』って。それで『あなたは着物が好きなんだから呉服屋をやりなさいよ』と母から勧められていたこともあり、『よし、着物屋をやろう』と決心したんですね。商売は嫌だとか、そんなことを言っている場合ではなかったの」

上野広小路の土地は父が見つけてくれた。父の姓である鈴木の鈴と、母の名前の乃婦の乃をとって、屋号を鈴乃屋とした。

「だけど看板掲げても売るものがないのよ。当時は衣料統制下にあって、新しい反物の販売は禁止されていましたから。それで考えたのが染め替え。お客様が疎開させておいた着物を、子供用の鮮やかな友禅に染め替えるんです。私自身、戦争中で子供たちに七五三をさせてやれなかった悔いがありました。それにたとえ自分が食べられなくても、子供には食べさせたいと思うのが親心でしょう? きっと喜んでもらえる確信があったんです。

結果は大当たり。お客様から預かった反物の風呂敷包みをしっかりと背負い、戦後の混雑極まるぎゅう詰めの夜汽車に乗って、11時間立ちっぱなしで京都へ行きました。戦災を受けなかった京都の匂い立つような朝の空気、いまだに忘れることができません。染め屋さんの『ようきやはった。大変だっしゃろ』という京都弁が耳になんとも優しかったことも。賀茂川の水で洗い落とされたあと鮮やかな京友禅に染め上げられた反物は、息を飲む美しさでした。染め替えられた反物を広げるたびに、お客様の顔が喜びでパッと輝くんですよね。それを見るにつけ、『精一杯、頑張ってよかった』という気持ちがこみ上げました」

汚れた着物の洗い張りも始めた。普通なら3ヵ月かかるところを、小泉さんは工場の人を「せっかく平和になったのだから、一刻も早く、みんなにきれいな着物を着てほしいから!」と熱い言葉で拝み倒し、鈴乃屋ではたった1週間で仕上げるという快挙を成した。

正月は料亭の勝手口に立って、芸者衆の着物を見るんです

「衣料統制が解けて、新しい反物を店に並べられるようになったのは、開店4年目ぐらいかしら。それまでの着物というのはデザインの流行も何もかもメーカーが主導権を握っていて、問屋に卸すシステムでした。ところがその問屋

が、女だから、新参者だからという理由で私には反物を売ってくれない。昔から取引のある老舗呉服店の顔を立てて、ということなのでしょう。それで私は図案を描いて、『こういうデザインはできないか』って、染め屋さんや機屋《はたや》さんに直談判《じかだんぱん》に行ったんです。問屋を通さずにオリジナルを作ろうというわけ。すると京都の職人さんたちも今までの殻に息詰まっていたし、そんなことを言ってくる人間は他にいないですから面白がってくれて、『ひとつ作ってみましょか』と。最初から思う通りには仕上がらないので、『ここを直して。この紫はもうちょっと薄くならないかしら』とダメ出しをして、もう一度直してもらって。完成すると今度はそれを私が、独身時代に習っていた和裁の技術で一晩で縫い上げる。で、自分で着てみて納得がいって、初めて反物を売ることができるわけです。とにかく素人ですから、自分が納得できないとお客様に薦められないのよね」

小泉さんはオリジナルの着物を着て店に立った。〝ハウスマヌカン第1号〟だった。

「そのうちに、『あら、この鈴乃屋っていうお店は、なんだか面白いデザインがあるわね』と思ってくださるお客様が増えてきて……。口コミですね。当時は宣伝手段も、その予算もなかったですから。尾張徳川家19代夫人の徳川米子さまも、その頃から来てくださっているんです。松坂屋にいらしたときに、たまたま『前に新しい呉服屋さんができたのね』と覗いてくださって何反か買ってくださったのが、おつき合いの始まりです。そのような繋がりがたくさんできて、高貴な方々や女優の原節子さんや、いろいろな方が鈴乃屋の着物を着てくださるようになったんですよ」

小泉さんは早朝から深夜まで仕事に明け暮れた。店の屋根裏に自宅を作り、子供たちの顔をできるだけ多く見られるようにして。

「私の仕事は年末年始の休みもなかったですから、子供たちは可哀相でした。お正月の晴れ着のお届けで大晦日は大忙し。紅白歌合戦というの、私は一度も観たことがないんです。年が明ければ夜の7時か8時頃、子供をこたつに入れておいて、連日ひとりで出かけていくんです。今日は新橋、今日は赤坂、今日は柳橋。大きな料亭の台所口にひっそり立って、『こんばんは』とそこに入っていく芸者衆の着物を見るために。戦前から戦後10年間ぐらいは、着物の流行は花柳界から来ていたんですよ。だから粋な芸者衆が、今年はどんなデザインを着ているのか見たかった。冬の寒い夜、裸電球の下にずっと立って、男の人たちが料亭の2階でどんちゃん騒ぎをしている様子を聞きながら、『私は一体いつになったら、ああいうことができるんだろう』と思っていました」

眠れない夜なんて、今でもしょっちゅうあるわ

女だから、新参者だからと失礼な扱いを受けて、さんざんいじめられてきた。そのたびに「この屈辱を忘れまい！」と次へ進む活力にした。店に泥棒が入り、まだ支払いの済んでいない高価な反物を根こそぎ盗まれたときも、食事も喉を通らない絶望の中で「ならば、思いきって大きな展示会を開いてみよう」と逆転の発想をするのが小泉さんという人だ。

「上野の老舗料亭に会場を貸してほしいと頼むと、けんもほろろに断られました。でも諦めずに日参して『会場費はそちら様のおっしゃる通りに払います。夜は宴会もさせていただきます』と申し出ると、『あなたの熱心さに負けまし

た』と先方が折れてくれたんです」

　結果、200畳敷きの大広間での呉服展示会が実現した。損失分に余りある収益を上げて、夜は協力してくれた取引先への御礼の宴会を華々しく開いた。マイナスをプラスに転じ、四方を丸く収めることができたのである。

「諦めないのよね、私は。高いハードルでも、どうしても跳び越えたい。難しいなら、どうすれば人が協力してくれるかを一所懸命考えるんです。で、熱意を持ってアタックする。決してへこたれないの。生きていればもちろん、いろんなことがあるわ。今だって、いつもどこかで暴風が起きていますよ、眠れない夜なんてしょっちゅうある。年を取ると世界が広がるから、悩み事は増えるばかりですよ。でもね、それに負けちゃダメなの」

　なんという逞《たくま》しさだろう。小泉さんのこの強さ、いったい、どこから来るのだろうか。

「目標がはっきりしているんです。着物をもっともっと多くの人に着てもらいたい。着物って、世界に誇れる一番の日本の文化なんです。この仕事を60年以上やってますけど、今こそそれを感じる。

着物は深いんです。直線裁ちで鋏《はさみ》が9つしか入っていない。だから形を変えたり、帯やコートに作り替えたり、リサイクルができる。そしてデザインのほとんどが花鳥山水なのよね。世界に類を見ない日本の美しい四季を先人は着物に染め、愛でて、心豊かな生活を送ってきたんです。着る人も見る人も幸せな気持ちになれる。そういう日本の精神をもっと多くの人に知って、味わってもらいたい。それが二度と戦争の起こらない、平和な世の中に通じると夢見ているの。着物を作り、広めることは、私の使命なんです」

（2006年10月18日　東京・上野「鈴乃屋上野本店」にて取材）

ずっと、闘ってきたんです

森英恵

ファッションデザイナー

「今日の午前中は仮縫いをしていました。大きな服で持ち運びができないから、役者さんたちにアトリエまで来ていただいて」

森英恵さんが「大きな服」と言うのは、劇団四季の2006年新春公演・三島由紀夫作『鹿鳴館』の豪華な舞台衣装のことだ。インタビューに訪れたとき、彼女はちょうどこの仕事に取り組んでいる最中だった。

「『鹿鳴館』もそうだけれど、最近の私の仕事は一回ごとに大きな山を越える感じなんです。'04年に引退したオートクチュールの仕事とは、まったく違う

森 英恵さん　Hanae Mori

1926年、島根県生まれ。'51年にアトリエを構えて、日本映画黄金時代に数百本の映画の衣装を手がけた。'65年にニューヨークで初めてコレクションを発表し、'77年、パリにオートクチュール・メゾンをオープンして国際的に活躍。オペラやバレエ、創作能、新作歌舞伎などの舞台衣装も手掛ける。2012年、「彫刻の森美術館」館長に就任。文化勲章、レジオン・ドヌール勲章オフィシエなど、受章、受賞多数。『グッドバイ バタフライ』(文藝春秋)、別冊太陽『森英恵　その仕事、その生き方』(平凡社) など、著書多数。

の。あの頃はパリで発表する年2回のコレクションを軸に、一年がものすごいサイクルでまわっていました。世界に注目されるパリ・コレクションで、時代の一歩先を読んで、新しいモードを提案するのは毎回プレッシャーで。それを27年間も続けたのは、なかなかハードでしたね。でも楽しかったですよ」

楽しかったですか。

「そう、闘っていたから。自分自身と」

闘うことは楽しいと、この人は言うのだ。

父は一度も誉めてくれなかった

島根県の吉賀町。春には田んぼがレンゲの花の赤紫に染まり、白いモンシロチョウが舞う中国山脈の中の小さな町で、森さんは生まれ育った。父は医者で町の名士。

「子供にお金を残すよりも、生きていく力をつけさせることが大切だと考えていたようで、非常に教育熱心な父でした。一番上の兄が東大医学部に進学すると、杉並の西荻窪に家を建ててお手伝いさんを送り込み、子供たちを東京で学ばせたんです。ええ、次女の私も小学校4年で上京しました。母は島根と東京を行ったり来たり。大変だったでしょうね」

森さんは絵や習字が好きで、幼い頃から将来はアーティストになりたいと思っていたが、「女も職を持つのならば、医者」というのが父の考え。

「だからね、私がこんなふうにファッションをやるようになったでしょう。父はとっても長生きしましたし、晩年もちょくちょく遊びに来てくれましたけれど、とうとう私を一度も誉めなかったですよ」

こんなに活躍しているのに！ と驚かされるが、当の森さんはあっけらかんと笑っている。えらぶらず、さっぱりとしていて、聡明ゆえに少し早口で。確かに女医であってもおかしくないような雰囲気を森さんは漂わせている。

向学心を持っていた彼女は母がとりなしてくれたおかげで、美術方面ではないものの、東京女子大学へ進学することができた。卒業後はすぐに、学生時代に勤労動員の工場で知り合った、元陸軍主計少佐の森賢氏と結婚した。

「でも2ヵ月もすると、主婦業だけの人生はあまりにつまらないと感じて洋裁学校に通い始めたんです。長男がお腹にいるときも、せっせとミシンを踏んで学校の宿題をこなしました。そうしてみると、ようやく自分の人生が動きだした実感がありましたね」

2年間の課程を修了すると、学校の友人2人と一緒に新宿で小さな洋裁店を開いた。しかし仲間が結婚してやめていき、瞬《また》く間にひとりになってしまった。

「どうしようかと相談したら、亭主が『どうせやるなら、しっかりやってみたら』と励ましてくれて。それで新宿の映画館・武蔵野館の向かい側のビルの2階を借りて、アトリエ『ひよしや』を1951年に開いたんです。大きな資金があったわけではないけれど、2階でしょ、人を誘導するにはどうしたらいいかを考えましたね。まず人の目を惹きつけるために、1階の入り口に細長いウインドウを造り、アメリカ製のモダンなマネキンを置いた。一番お金をかけたのは道路に面した2階のウインドウ。全面ガラス張りにしてここにもマネキン人形を並べ、自分でデザインして作った服を着せたんです」

彼女のブティックは大繁盛した。

「すごく忙しかった。少ないスタッフでやっていますから夜遅くまで働いていて、電気がずっとついているわけ。そうするとね、当時の新宿はなんていうのかなぁ、パリで言えばカルチェラタンみたいなところかしら。夜になると仕事を終えたアーティストが集まって、飲んだり音楽を聴いたりする街だったんです。それで一杯飲んで酔眼朦朧《すいがんもうろう》としているときに、ポッと光の灯《とも》る2階を見上げると、きれいな服を着たマネキン人形が本物の女みたいに見えたのかな。『あそこはなんだろうね』と男たちも興味を持ったみたい。で、ある日とうとう、『ひよしや』の階段を男が上がってきたの。ベレー帽をかぶった、日活映画の美術監督と衣装部さんでした。文芸作品を撮りたいので映画のファッションをやってみないか、という誘いでした。すぐさま『やりましょう』と。面白いことはなんでもやろうと思っていましたから」

これが元で映画の衣装の仕事が東映や松竹からも入るようになり、『ひよしや』は人気女優たち御用達《ごようたし》の有名店となった。途中から夫が経営担当として共に仕事をするようになり〝男の視点〟が加わると、事業は大きく成長していった。銀座にもブティックを構え、いつも4〜5冊の映画の台本を抱えて飛びまわり、打ち合わせをし、デザイン画を描き、仮縫いをして……。一日2〜3時間しか眠らずに働いた森さんには、当時、〝女ナポレオン〟の異名があったほどだ。

「そうです、子育て中よ。男の子が2人いました。でも私は要所要所でコミュニケーションをしっかりとっていれば、常にべったりそばにいる母親でなくても大丈夫だと思っていたんです。だから幼稚園のお迎えには基本的に自分で行ったし、日曜日だけは必ず休んで家族と過ごすことに決めていたし。もちろん夫や周囲の人たちの理解と協力があって、なんとか切り抜けたという感じですけれど。

主人にPTAに出てもらったこともありました。『男は僕だけで恥ずかしかった』と言うから、『モテたでしょ』なんて言って。彼も頑張ってくれました。私は家庭を持ってから仕事をスタートしたから、忙しくても家族をないがしろにしなかったと思う。家庭という自分の巣があるからこそ頑張れたんです。仕事してれば、いいことばかりじゃないしね。うちに帰って『今日は嬉しかった』とか『ひどかった』とか言いたいじゃない？　それができたから長い間、私は闘えたんですよ」

ちょうどこの取材が行われた頃、スタッフの女性に子供ができたと聞いた森さんは、彼女を感動させるほどに喜んだという。働く女にとって、家庭がどれほど心の支えになるものか身をもって知っている人だからこそ、心からの祝福の言葉が溢れ出たのだろう。

チープでかわいそうな日本？　失礼しちゃう、と思ったわ

日本映画界が斜陽になると、働きづめで疲れた森さんは休養も兼ねて初めてパリを訪れた。'61年、35歳のときだ。

「ココ・シャネル時代の『シャネル』で服も作りましたよ。人に服を作ってもらうなんて私には最高の贅沢だった。そしてパリではオートクチュールの服作りのシステムに唸りました。私は何から何まで自分でやっていたけれど、向こうではそれぞれの場にプロフェッショナルがいて、彼らの技の結集で一着の服ができる。その服の的確な着心地と美しさといったら……。で、そんなヨーロッパの伝統に触れたら、戦後の日本に便利な文明を入れてくれたアメリカを、

無性に見てみたくなったのね。帰国して、同じ年にひとりで、今度はアメリカへ行ったんです」

この初めてのアメリカの印象を、森さんは自著にこう記している。

〝デパートではいろいろな種類の服がTPOに合わせて整理されて並んでいる。(中略)これからの時代、人間はもっと忙しくなる。高いお金を払って三回も仮縫いをするというのではなく、今日のために、自分の予算でモノが買えるのは素晴らしいではないか、と思った〟(『ファッション─蝶は国境をこえる─』岩波新書)

ヨーロッパにはヨーロッパの良さがあり、アメリカにはアメリカの良さがある。その両方を知ろうとするグローバルな視点は、戦後を引きずっていた当時の日本人がなかなか持ち得ないものだったはずだ。しかし、彼女にはその目があった。しかも初めてのアメリカで、ある大きな決意までしているのだ。

「ニューヨークのデパートの地下で、〝メイド・イン・ジャパン〟の服が安くて品質の悪いものとして並んでいるのを見たときに、すごいショックを受けたんです。冗談じゃない、と思った。オペラの『マダム・バタフライ』を観ると、蝶々さんが騙されたかわいそうな日本の女に描かれていた。失礼しちゃう！　と思って。あるときアメリカの新聞社の記者が、宿泊していたプラザホテルにインタビューに来たんです。会ってみたら、なんだか話がちんぷんかんぷんで、私の英語がまずいのかしら、と思ったりしたけれど。ようやく最後にわかったのは『あら、日本人は洋服着てるの？　てっきり着物のデザイナーかと思った』っていう相手のニュアンス。ああ……と溜め息が出たわね。そのときに私、〝絶対に、ここでやろう〟と思ったの」

欧米の文化に触れて圧倒され、かぶれるのではなくて、森さんは逆に挑もうとした？

「そう、闘おうと思ったんですよ」

はかなく美しく、強い意志を持った蝶々

故郷の春に舞うモンシロチョウは、ひらひらと軽やかで可憐な姿。森さんは蝶が好きだった。その蝶が、極東の小国からジェット機に乗ってアメリカへ渡

ると、美しさやはかなさとともに強い意志を持つ姿に変わっていた。'65年、ニューヨークで初めて発表したコレクションに、森さんはあえて、蝶々のイメージやモチーフを斬新にたくさん使った。

「オペラの蝶々さんのような、か細い日本女性の像を払拭してやろう。ひとりの日本の女として世界へ出ていって、イメージを変えてやる……。そんな想いがありました」

結果は勝利。アメリカは彼女を認めた。'77年にはパリに進出。東洋人として初めてパリ・オートクチュール組合に加盟し、2004年のパリ・コレクションを最後に引退するまで、彼女は日本のみならず世界の、ファッション界のトップに君臨し続けた。

「〝EAST MEETS WEST〟、東と西の出会い。このキャッチフレーズを最初につけてくれたのは、アメリカのジャーナリズムでした。言葉の勲章よね。以来、〝EAST MEETS WEST〟は私の服作りのテーマになりました。日本人であるという自分のルーツを大切にして、今までやってきたの。だから今、欧米の流行だというだけで、すごいローウエストのパンツを若い人がはいたりしていると、がっかりするのよ。だって日本には、そのものずばりを見せるのではなく、〝感じさせる〟という知的で高度な感性があるんです。そういう文化こそ、これからの日本人が世界に誇れるものだと思うんだけれど、違うかしら？」

流されずに守るのも闘いなのだ。そして、闘わずして素敵な女になれぬことは、森さんが身をもって呈してくれた啓示である。

（2005年12月8日　東京・表参道「HANAE　MORIビル」にて取材）

〝確かなもの〟の探しかた

岩立広子

『岩立フォークテキスタイルミュージアム』館長

東京・自由が丘のビルの一室にある小さな美術館。その『岩立フォークテキスタイルミュージアム』に展示されているのは、南アジア、中東、南米などで、人の手によって作られた暮らしの中の染織品である。中には1000年以上前のものもあり、そのモダンさ、美しさ、力強さにミュージアムを訪れる人々が魅了されている。

平日でも観覧者が多く、館長の岩立広子さんは展示物の説明に大わらわだ。

「このショールの柄は満月です。インドでは月は美の象徴で〝月のような美

岩立広子さん　Hiroko Iwatate

東京都生まれ。1955年、女子美術大学に入学し、染織工芸家の柳悦孝、柚木沙弥郎に師事。卒業後、染織の道を志す。'65年から南米など、'70年からはインドをひんぱんに訪れ、世界各地の染織品を収集。帰国するたびにスライドの会を開き、日本民藝館でもコレクションの展覧会を開催。著書に『インド 沙漠の民と美』(用美社)、『インド 大地の布』(求龍堂) など。2009年11月に『岩立フォークテキスタイルミュージアム』を開いた。開館は毎週木・金・土曜日の10時〜17時(入館16時半まで)。http://iwatate-hiroko.com/

人〟って言うんですよ。日ざしが厳しい土地柄でしょうね」

「それはアフガニスタンの族長のコート。十字の模様が可愛い？　あはは、これはね、女性器がモチーフになっているの。子孫繁栄の願いを込めて刺繍がされているんです」

接客を終えて、インタビューの席にやってきた彼女に思わず聞いた。いつも来館者にこんなに丁寧に応対しているのですか。するとボブヘアの若々しい女《ひと》は静かに笑って言った。

「みなさんが熱心に見てくださるので、ついついね。でも本当は知識はあとでついてくればいいもので。知識や先入観なしに、まずは布をじかに見て何かを感じてほしいんです。そのために私はこのミュージアムを開いたんですよね。できるだけ多くの人に、布が語りかけてくることを感じてもらいたくて」

昨日よかったものが今日はダメになる社会

40年以上かけて、岩立さんは世界各地を訪ね、染織品を約7500点収集してきた。

「最初は自分のために集めていたんです。そのうちにコレクションの一部を見せたり、インドの伝統的なハンディクラフトのものを売るようになって。ミュージアムを始める前は、週に2日だけ開く小さな店をやっていました」

そもそも自身が染織家だった。子供の頃から布や手仕事が好きで、中学生のときには母の着物をほどいて自分の服を作っていたという。

「戦後のモノのない時代に育ちましたし、別に裕福でもなんでもない普通の家で、兄弟が6人もいましたからね、工夫していたんですよ。それで好きな手工芸を将来の職業にしたいと思って、女子美術大学へ進学しました」

在学中の夏休みに、彼女は子守りのアルバイトを1ヵ月間して3000円の報酬を得た。

「欲しかった白い革靴がちょうど3000円だったんだけれど……私、考えたんですよ。小生意気な子供と過ごす1ヵ月は、本当に苦痛の日々で、そんな労働で得たお金は貴重すぎて、とても白い靴は買えない。そのかわり、この3000円で、当時出はじめたばかりの極細の糸を買おう、って。それを3本どりに撚り、織りあがったあとブラシで起毛すると、とてもいいマフラーができたんです。目に新鮮な配色のチェックやボーダーを作ってみたら、とっても素敵なものができたのね。勇気を出してそれを、当時新宿にあった『ウイスタリア』という、センスのいいお店に持っていったんです」

店はマフラーを即金で買ってくれた。そのお金でまた糸を買い、新しい作品を織って店に持っていく……。街でおしゃれな人が自分のマフラーを巻いているのを見て、「すごく嬉しくて声をかけそうになっちゃった」と岩立さんは、つい昨日のことのように話す。

大学を出ると染織家として、毎年、個展を開くようになった。

「ところが、回を重ねていくうちに疑問が湧いてきたんです。個展で作品を発表すると、次の年はまたがらりと違う世界を見せなくちゃいけない。新しいものを出し続けなければならない。それが現代芸術だといわれているし、そうしなければダメだという強迫観念に自分もとらわれているけれど……無理だ、って思ったの。だって私自身は何も変わらないんだもの。生活が変化すれば、新しいものも生み出せるかもしれないけれど、毎日同じことをしている日常の中から、新しい表現方法なんてそうそう出てきませんよ」

それで、自分には才能がないと思い、創作活動をやめてしまう芸術家も世に多いのだ。しかし岩立さんは逆に思った。

「昨日よかったものが、今日はもうダメになる社会のほうが変なんじゃないかと。ルーツが不確かなんですよ、私たちは。何を創作の源にするか、何を自分の拠り所にするか。ルーツを見失うから、〝新しさ〟に組み敷かれる……」

芸術や工芸に限った話ではない。昨日は賞賛したものが、今日はもう色あせて見えてしまう、私たちの価値観はどこかおかしいのではないか。岩立さんはそう考えたのだ。

「そんなときにペルーの古い布を見たんです」

時を経て、大多数の目が選ってきた〝確かなもの〟

初めての渡航は1965年。岩立さんが染織家になって4～5年たった頃だった。あるとき、本棚から古い本をひっぱり出してめくっていると、ペルーのプレインカ期の布が目に飛び込んできた。1000年以上前の出土品なのに、そこに織られた動物紋は古くさくないどころか、むしろモダンで可愛らしく、無性に惹かれるものがある。

「私が求めているものはこれかな、と直感が働いて、現地へ行ってみようと思いました。当時はまだ海外旅行自体が珍しくて、ましてや南米なんて『いったい何をしに行くの？』とみんなに驚かれたけれど（笑）。現地で見た染織品に感銘を受けて、買える範囲のわずかなものを日本に持ち帰りました。そしてそれを全部、自分で織って再現してみたんです」

織ってみて、どうでしたか？

「びっくりしましたね。衝撃を受けました。道具は非常に単純なものが使われているんだけれど、その代わりに膨大な時間をかけて織られていることがわかりました」

「たとえば、こういう織物でもね……」と言いながら岩立さんは席を立って、ミュージアムのショーケースの中の古い布切れを示した。

「これは1200〜1300年前のプレインカの紋織りですが、細かい織り模様に、よく見ると茶と白と茜の糸が使われているでしょう？ 布と布の間に3色のタテ糸が層になっていて、必要な色糸だけを引き上げて、こんなに繊細な模様を作っているんです。こういうの、普通の機《はた》ではとても複雑すぎて織れない。だけどオサを使わず、手でひとつひとつタテ糸を引き上げればできるのね」

おそろしく時間がかかりそう。

「そう。おそろしく時間がかかる。でも、できたんです。昔の人はそれをやっていたの。道具が単純だと、自分の頭で考えていることが、すぐにここに伝わるんですよ」

ここ、と言って触ったのは手だ。

「頭で考えたことが、すぐに手に伝わる。つまり、大昔の人たちの頭の中にあるイマジネーションがどれほどすごかったかということが、これを見るとわかるわけね。それに彼らの染織品は、動物や自然に対する畏敬だったり、魔除けだったり、豊饒や健康の願いだったり、模様のひとつひとつに祈りにも似た意味が込められているんです。それを、土地に古くから伝わってきた技法で、膨大な時間をかけて手で丁寧に作っている。こういうものを見ると、〝クリエイション〃なんていう言葉を私たちは簡単に口にできないと思ったわ。染織品に限らず、何百年、何千年という歳月を経て残っているものは、時とともにいらないものが削ぎ落とされて、芯のような原型だけが残っている。私はそれを感じるんです。美には、確かな物差しはないんですね。誰も数字で評価することはできないんだけれど、でも、大多数の目が選《よ》ってきたものには不変の命が宿っていると思う。その〃確かなもの〃を、私は自分の拠り所にしたいと思ったんです。ヨーロッパの流行の雑誌を取り寄せて、そこからヒントを得るんじゃなくて」

一生かけないと、自分が何をしてきたのかはわからない

新しいもの古いものの区別なく、手仕事の〃本当にいいもの〃を求めて、岩立さんは世界を旅した。そうするうちに、染織品の文化が豊かなインドへ足繁く通うようになった。

「もう30年以上通っています。年2回は必ず行くから、70回にはなるわね。高

度成長期を迎えたインドは、この30年間でずいぶん変わってしまったけれど、私が通いだした頃はまだ、時間と手間をたっぷりかけた素晴らしい手仕事の技術が各地に残っていました」

自身の作品は作らなくなったが、まるでそれが彼女に与えられた使命であるかのように、岩立さんは染織品を熱心に集めてまわった。

「渡航費はね……店で商うものの売り上げと、講演の謝礼と、あとは家賃収入に助けられました。結婚して、この場所にあった一軒家に住んでいたんですけど、お隣が5階建てのビルになって庭に陽があたらなくなったので、うちもビルに建て替えたんです。そのとき1階、2階にテナントを入れたわけ」

ざっくばらんな打ち明け話。お金の話をする中で、彼女はさらに驚くべきことを口にした。インドへ行くたびに必ず、デリー郊外にあるチベット難民の子供たちの学校に立ち寄り、寄付金を置いてくるというのだ。

「だって私、向こうでいろんな人にお世話になるんですよ。ちょっと道を尋ねただけでも、自分の仕事を放って、荷物を持って案内してくれるような厚意をたくさんもらうの。そういうのって、モノやなんかでお返しできないじゃない？　豊かな日本はそれをしていないのに、難民を受け入れてくれているインドという国にも感謝したいし。それに旅の終わりに学校を訪ねて、チベットの子供たちの日本人と同じような顔を見ると、ホッとして疲れが吹き飛ぶんです。だから決めたの。インドに一回行くごとに最低30万円は置いてくること、って。それで旅の辛さをシェアしてもらえる、つまり自分のためなんですね」

そうした寄付金や募金などによって、件《くだん》の学校に1994年に新校舎が完成したとき、岩立さんは現地を訪れて言葉を失った。

「その数年前のインド滞在中に、実は一人娘を亡くしていたんですけれど……。ぴかぴかの校舎の横に建った講堂を見上げたら、そこに『アキコメモリアルホール』と娘の名前が刻まれていて。知らされていなかったから、なおさら嬉しかったですね……。

夫も早くに亡くなり、娘も逝ってしまって、こう見えても私は心身が丈夫なほうではないから、落ち込むことも多かったんです。でも辛いときって結局、夢中になって何かやって、時を稼ぐしかないんですよ。だから仕事があるのは、本当にありがたいことだと思いました」

近代化の波に呑まれ、消えつつある手仕事の染織品。それを一点ずつ見つけ出して収集することは、世間的な評価も利益も生み出さない。岩立さんはそんな地道な作業を、なぜ自分の〝仕事〟だと思えたのだろうか。

「こんなことをして一生終わっていいのかと私もずいぶん思いましたよ。でも、とにかく夢中だった。夢中で続けてきて40年がたったとき、世の中から大切なものがたくさん消えてしまっていた。だから私が預かっている染織品を、過去の人たちからの贈り物を、多くの人に今見てもらおうと思ったんです。それがこのミュージアムを開いた理由。ようやく自分の仕事に〝意味〟ができたみたい（笑）。

人間って一生かけないと、自分が何をしてきたのかわからないんだと思う。だからどの時代もとても大事なんです。自分のそれぞれの時代を大事にしてほしい。そうすれば必ず最後に希望がある。希望は最後にあるから、途中で捨てたらすごく損ですよ。私の経験から、これだけはみなさんに言っておきたいの」

（２００９年12月2日　東京・自由が丘『岩立フォークテキスタイルミュージアム』にて取材）

人間はすごくすてき！

佐伯輝子　医師、寿町診療所所長

佐伯《さいき》先生は81歳になっても大忙しだった。診療所の午前の部が終わったところで、自身の昼休みの時間をインタビューに充ててくれるという。診察室の奥で待っていると、最後の患者が出て行ったらしく、「お待たせしました、どうぞ〜！」と威勢のいい声で呼ばれた。ところが何かの手違いで、待合室にまだひとり患者がいることが判明。「ごめんなさい。ちょっと待ってて」、間仕切りのカーテンをジャーッと引いて、再び診察が始まった。

「あなた、ひとりだけ残されていたのねぇ」

佐伯輝子さん　Teruko Saiki

1929年、東京都生まれ。'50年、東京女子厚生専門学校卒業後、'57年に東邦大学医学部卒業。同年、同級生だった誠也氏と結婚し、'58年、横浜市に佐伯医院開業。'79年、50歳で横浜市寿町勤労者福祉協会診療所所長に就任し、以来、〝てるこ先生〟の愛称で患者から慕われる。'84年、社会に貢献した女医に贈られる吉岡弥生賞受賞。'91年、吉川英治文化賞受賞。著書に『ドクトルてるこの聴診記』(白水社)など。2011年紫綬褒章受章。'11年、82歳で体調を崩すまで、週に2日、寿町診療所に通っていた。現在は元気に、自宅療養中。

カーテンの向こうで、佐伯先生が患者に明るく話しかけている。

「そおだよ、ずっと待ってたんだよっ!」

返ってきたのは、怒気を含んだ、荒々しい中年男の声である。

横浜・寿町《ことぶきちょう》。東京の山谷《さんや》や大阪の西成《にしなり》区愛隣《あいりん》地区と同じく、日雇い労働者向けの簡易宿泊所が立ち並ぶ、通称〝ドヤ街〟だ。この街には、さまざまな過去を背負って流れついた男の単身者が多く、アルコール依存症患者も少なくない。また栄養不良や不衛生から来る病気、喧嘩などによる怪我で、街にひとつの診療所は大賑わいなのだ。

「あら、あなた、熱があるじゃないの」

「先生に俺の風邪、うつしちゃおうかな」

「ぜーったい、うつらないわよ」

と、こんなやりとりのあとで「先生とデートしてうつしちゃおう」などと言いながら男は機嫌よく帰っていった。なんだか最後は甘えたような口調でしたね、診察室へ迎え入れてくれた佐伯さんに言うと、「そう感じた?」。誰にでも垣根を取り払ったように彼女は話す。

「彼のカルテには『佐伯先生のみ』って書いてあるんですよ。ほかの先生だと喧嘩しちゃうから。あの人、恐いの。でもそれは、寂しさからくる虚栄の強がりなんです。この街には独り者が多くて、みんな寂しいのよね。それで昼日中からお酒を飲んで、路上にたむろしているけれど。まわりに仲間がいるようでいて、お互い脛《すね》に持つ傷は見せないし、都合のいいことしか喋らないしね。この人たち、結局はみんな、ひとりなんですよ。もっとも、人は誰しもひとりだと私は思っているけれどね」

医者の卵だった娘と息子に、寿町行きを勧められたんです

「寿町診療所に来たのは50歳のとき。だから、もう31年間になるわ。でも最初は私も『ドヤ街？　なにそれ？』という感じだったんですよ」

横浜市が地域の要請を受けて、寿町の真ん中に9階建ての寿町勤労者福祉会館を開設したのは１９７４年のこと。理容室、浴場、図書室などと共に診療所のスペースも設けられたが、佐伯さんが就任するまで医師のなり手がなく、5

年半も空室のままだったという。

「横浜市から私のところに要請の電話がかかってきてね。同じく医師の主人に相談すると『大変だからやめなさい』と最初は反対されたんです。私はその頃、主人とやっていた自宅の医院のほかに、やはり長年医師がいなかった中央卸売市場南部市場の診療所を引き受けて、そこへも通っていたので忙しかったの。それにうちの主人は店屋物がダメな人なので、食事は必ず私が作らなくちゃいけない。だから市から連日電話がかかってきても『また交渉の電話よ』『だけど寿町まで引き受けたら、夕飯はどうなる?』『そうよね。やっぱり断るわ』なんて、夫婦ふたりで話していたわけ。

それを聞いていたのが、当時、歯学部2年生だった長女と、医学部に合格したばかりの長男です。ふたりはこれから医者になって人助けをしようという使命感に燃えているから、『困っている人がいるなら、助けないといけないんじゃない? ママ、引き受けるべきだよ』って。すると主人も『それじゃ、君、行ってみる?』と言いだした。家族がそう言うならと、私の好奇心に火がついたのね」

ちなみに佐伯さんは東京・神田の商家の娘で、ちゃきちゃきの江戸っ子。夫の誠也さんはアメリカ・シアトルで生まれ育ち、向こうで医師をしていた両親とともに太平洋戦争勃発前に帰国した。ふたりは東邦大学医学部の同級生で、卒業式の4日後に結婚し、以来50余年を共に過ごすおしどり夫婦である。

「私は三姉妹の真ん中で、商売をしていた父は跡継ぎが欲しかったので、『女は役に立たない』『お前が男の子だったらなぁ』と言われて育ったんです。その反動というわけでもないけれど、男女差別のない職業だし、人を助けられるし、と思って医師になったの。だから気持ちのどこかで〝男に負けない女〟を意識して、肩肘はって生きてきたんですね」

そんな気丈な人だからこそ、寿町を引き受ける気になったのだろう。診療所がオープンすると、待ってましたとばかりに患者が押し寄せた。もちろん、普通の病院とは勝手が違う。「いつまで待たせるんだ、早く診てくれ！」と患者が診察室のドアに体当たりをする。猛烈な臭気をふりまく路上生活者もやってくる。醤油色のパンツをはいている患者はまだましで、その分すら飲み代に充ててしまい、下着を身につけぬ男もいたりする。

「屈強なガードマンがいても、危険な目には遭うんですよ。診察中におしっこをかけられたり、アルコール依存症の幻覚症状と思われる男から、カミソリで襲われたこともありました。ここにはいろんな人が来るの。刑務所に入っていた人もいれば、全身に入れ墨をした人もいる。だけど私を困らせて、最初はどうしようもないワルに見えた人も、よくよく話を聞いたり、永く付き合ってみると、実は気弱で優しい人間であることが多いんです」

「女に生まれてよかった」って、寿町に来て初めて思った

「本当にいろんなことがありました。あるときは、手に怪我をした急患の男が酔っぱらってやってきて。血で染まったタオルで包んだ右手を私の前に差し出して、『指を切り落としてくれ！　半端なんだ』と言うんです。見ると右手薬指の第三関節から先が、ぶらぶらになっているの。同じ右手の小指はすでに詰めてありました。『この指、本当にビール瓶で切ったの？』と聞くと、『うるさい！　男の約束よ。女になんかわかるか』と返ってきたから、カーッと頭に血

が上って、私は興奮してまくし立てたんです。『わかんないわよ！ そんな約束、わかってたまるもんですか。だけどあんたも、女の気持ちがわからないみたいだから教えてあげる。あんたはお母さんから生まれたんでしょ。私にも子供が2人いるけど、お母さんがあんたを産んだとき、どう思ったと思う？ 手の指が10本揃っているか、足の指が10本揃っているか、女はまず、そばにいる人に聞くんだよ。それから自分の目で確かめて、ああ、よかった、って初めて安心するの。それが女なのよ。なのに息子のあんたは指を切り落とすって？ 冗談じゃないわ。それは女の私が許さないよ！』そう、唾を飛ばしてものすごく叱ったの。そうしたら、その50がらみの男が『チキショウ！ チキショウ！』と言いながら泣きだした。ぬぐってもぬぐっても、目から涙が溢れ出てきて止まらない。しまいには体を震わせて号泣していましたね」

結局、縫合手術をすることになり、薬指は落とされずにすんだ。後日、治療に通ってきた男は、自分の身の上をぽつりぽつりと語りながら、佐伯さんに言ったそうだ。

「『あんなに泣いたのは人生で初めてだ。誰も俺を叱ってくれなかった』って。親からも学校からも、叱られそうになると逃げて。人生、逃げて逃げて逃げて、ここに来て私に思いっきり叱られた。だから涙が出て止まらなかったんだ、って。『人生のどこかで先生みたいに叱ってくれる人がいたら、俺も〝半端者〟にならずにすんだかもなぁ』と言ってたわ」

単に病気や怪我を治すだけではない。男性患者がことさら多い寿町診療所には、男性医師のほうがふさわしいようにも思えるけれど、むしろ、女であり母である医師のほうが……。

「そう、向いていたかもしれませんね。それに私のほうも、この街に来て初めて『あぁ、女に生まれてよかった』って実は思ったの。

これも50がらみの人でしたが、『先生は俺の初恋の人に似てるんだよな。なんだか思い出してきちゃったよ』と話す患者さんがいて。次に来たときに『先生、神奈川県にいたよ。あいつ、洋裁の先生になってた』なんて言うから私も驚いて聞いたわけ。『あなた、その人を訪ねたの⁉』すると『俺、行ってきたけど、やっぱり会えなかったよ』と返ってきたので私は言ったんです。『ちゃんと仕事を持って、会いに行けば？』って。そしたらね、その人、ほんとに真面目に働きだしたのよ。あれは嬉しかったなぁ。『そうか！　この街では女であることは利点なんだ。私はなにも肩肘はって強がることはないんだわ』って思ったのよね。あんまり嬉しくて、うちに帰って主人にも話したくらい。『パパには悪いけど、あたし、初めて女でよかった、って思ったわよ』って」

みんな、ひとりで死ぬの。それまで一生懸命生きるのよ

「だけど一番の経験っていったら、やっぱり首を絞められたこと。あんな経験はしないほうがいいんだけど、でもあの事件で、私は自分の人生について考え方がはっきりしたの」

ある真っ昼間。自動車で寿町診療所についたところ、車から降りた佐伯さんに「先生よぉ、ちょいと話があるんだ」と声をかけてきた男がいた。「忙しいんだから、話があるんなら診療所に来なさい」と答えると、突然、男の腕が背後から回ってきて首をギューッと絞められた。

「『あ、死んじゃう』って思った。だから男の腕と自分の首の間に指をなんとか突っ込んで、指は折れても頸動脈を守らなきゃ、と必死だったんだけど、男の腕がけいれんしたように小刻みに震えながら、ぐいぐいと首を締めつけてくるんです。『ああ、死んじゃう、死んじゃう……』と思っているところへ、駆けつけてくれた人たちに助けられて。危機一髪でした。男はアルコール依存症患者で、私が死んでいたら『先生、死んじゃやった。ごめんなさい！』と言ったと思う。殺すつもりじゃなかったのよ。でも、私は本当に死んでいたかもしれなくて……。死んでいたら、私の人生はそこで終わりでしょ。つまりこれ、〝ひとり〟っていうことよね。私は家族が大好きで何よりも大切なんです。でも、どんなに仲の良い家族がいても、死ぬときは自分ひとりなんだ……。そう思えたら、何かが吹っ切れた気がした。

　事件のあとで、主人や子供たちに言ったんです。『あたしはどこで死ぬかわからないわよ。だけど、やりたい仕事をして、みんなのために……とか思って働いて死んだんだから、かわいそうと思わないで』って。みんな、そうなんだと思う。人生ってね、やりたいことを一生懸命やって、よけいなこと考えずに自分のできることを、ただ一生懸命やっていればそれでいいのよ。で、そのときが来たら、ひとりでどっかで死ねばいいのよ。そう思ったら、生きるのがラクになるわよ」

子供たちが学生の間、毎日弁当を作り、自分は寿町診療所へ向かう車中で、信号待ちの間に弁当をつまんだ。一日の仕事が終わると家へ飛んで帰って夕食の天ぷらを揚げた。佐伯さん、心は丈夫なほうだが実は体はそうでもなくて、40代で子宮筋腫のため、子宮と卵巣を全摘し、今は心不全で心臓もあまりよくない。去年、夫が心筋梗塞になり、家で軽い介護もしている。そんな佐伯先生は80歳を超えても、週に2日、寿町診療所で患者と向き合っている。

「やめたいと思ったこと？　ありませ〜ん。寿町は特に人間関係が密でしょ。私はとことん話を聞いて、『あぁ、この人はこんなことを思ってたのか』っていうのがわかるのが、すごく嬉しいんです。人間は魅力的よね。人が抱える心の病気まで含めて、私には愛おしいの。人間の心と体に接するのは、すごいすてき。だから、やめるなんて思ったことがない。死んだときが、この仕事が終わるときね」

（2010年12月20日　横浜『寿町診療所』にて取材）

ただ、そこにいて一緒に生きるんです

須藤昭子

医師、クリスト・ロア宣教修道女会シスター

2010年1月、須藤昭子さんに会えたのは、まさに不幸中の幸いだった。医師で、クリスト・ロア宣教修道女会のシスターである須藤さんは、49歳のときにハイチへ渡り、それから約30年も現地に暮らし、結核治療などの活動をしてきた。日本に帰るのは3年に一度。いつも3ヵ月ほど滞在してさまざまな用事をこなし、またハイチへ戻る。ところがその年は予定通りに帰ることができなかった。日本に滞在中の1月にたまたま、死者20万人超ともいわれるハイチ大地震が起きて、住んでいた宿舎が倒壊したために足止めをくらったのだ。

須藤昭子さん　Akiko Sudo

1927年、朝鮮半島に生まれ、15歳で広島へ。'44年、終戦の前年に大阪女子医専（現・関西医科大学）に入学。日本で結核患者の世話をするカナダ人シスターたちの姿に魅せられ、結核の専門医になることを決意。カトリックの洗礼を受ける。兵庫県西宮市の結核病院に勤務したのち、'76年、カナダに本部のあるクリスト・ロア宣教修道女会の医師として49歳でハイチへ渡る。以後、80歳まで小都市レオガンにある国立シグノ結核療養所に勤務した。2014年に体調を崩し、帰国。現在、静岡県御殿場市の神山復生病院に勤務中。

「親しい人たちの安否もわからなくて、一刻も早く（ハイチへ）帰りたかったけれど。私が帰れば、テント生活をしている仲間のシスターの誰かが、そこを出なければいけないの。つまり、寝るところも満足にない状態なんですよ。雨季のハイチでテントすらない人たちもたくさんいるし、義援金で買うにしても現地にテントがあるのかどうか、それすらもわからない。国全体がとても貧しいですから、日本と違って、震災があったら、ほかの都市から物資が運ばれてくる、というわけにいかないんです」

そんな悲惨な場所へ、「早く帰りたいわ」と82歳のこの人は言ったのである。なぜ、それほどまでに？　日本にいれば快適なベッドで眠れるのに。

「帰ったところで、私に何ができるっていうわけじゃないの。だけど、なんていうのかなぁ、帰ったらみんなが喜んでくれるだろうな、と思うんですよ。正直なことを言うとね」

そう言って、小柄なシスターはちょっぴりはにかんだように笑った。

廃虚の病院で働くシスターの明るさに、胸を打たれて

なぜハイチへ渡ったのか——ということの前に、なぜ医師に？　なぜ修道女に？　と聞きたいことはたくさんある。

「出身は広島。『古事記』や『徒然草』が好きな文系の私が医者になった理由は……。私の娘時代は戦時中で、男の医師がみんな戦争へ駆り出されたので、日本の政府が女医の育成を急務と考えていたんです。そんな時代背景と、医学部へ行けば、軍需工場に駆り出されずに勉強に励めるからと父に勧められて。それで大阪女子医専（現・関西医科大）に入りまして、医者をしている父の従兄弟が関西にいたので、その家のお世話になっていました。

学生時代は、楽しかった。楽しかったなんて言うと怒られそうだけれど（笑）。終戦直後の大阪は焼け野原で、地下道だけが残っていて。そこに、外地から引き揚げて来た人や、負傷者や避難民や浮浪者がいっぱいいました。そういう人を助けたいという思いで、私たちはほかの大学の有志と一緒に、大阪学生同盟というのを作ったんです。そして学校の授業が終わると、パーッと外に飛び出していっ

て、地下道にいる人たちの病気やけがの応急手当てをしたり、水を配って歩いたりしていました」

それは、みなさん自主的に？

「そうです。もう必死でしたよね。交代で夜通しやっていたんですから。〝自分たちの力で祖国を立て直さなければ〟という意志を、あの頃の学生はみんなが持っていたと思うわ。だから、仲間がいたし、使命感に燃えてもいたし、今思うと楽しい青春時代だったんです。で、そんなことをしているうちに、あるとき、カナダ人のシスターたちに出会ったんですね」

戦後に来日したシスターたちは、兵庫・西宮市の廃墟だった病院を使って、当時、日本に蔓延していた結核の患者を救おうとしていた。その頃、須藤さんは、父が朝鮮からの引き揚げ途中で亡くなったため、父の従兄弟一家に引きとってもらっていた。その一家がカトリックの信者だったので、彼らと一緒にそこへ訪問したのだという。

「行くと、戦争中に放棄された古い木造の病院をなんとか使えるようにと、若いシスターたちが一所懸命に掃除をしていました。それがね、道具が何もないから、こわれた窓ガラスの破片で、こびりついたほこりの層を掻《か》き落としたりしているんですよ。寒い季節で、手を赤くして。それなのに、その人たちがすごく明るいんです。とても晴れ晴れとした表情で仕事をしている。その姿を見て、私は不思議でした。〝この人たちは日本語もわからないのに、なぜわざわざ太平洋を渡って、この貧しい極東の国にやって来て、日本人が一番怖れている結核の患者の世話をしようとしているのだろう。どうして、こんなに明るいんだろう〟って。すごく不思議に思うと同時に、信仰に生きる人の姿に胸を打たれて。〝こういう生き方を私もしたい〟という気持ちが、身体の底のほうから湧いてきたんです」

須藤さんが結核の専門医になる決意をした瞬間である。それから洗礼を受けて、国家試験に通り、彼女は自分の道を歩き始めた。

ハイチで医療活動をと、49歳のとき自分から申し出たんです

「兵庫の病院で四半世紀、結核の患者さんの治療に当たっていました。緊急時

に備えて、当直の夜は枕元に電話を置いて寝るような忙しい日々でしたね。そうこうするうちに、予防接種も普及して、日本も豊かになってきて。生活環境の悪さや栄養不足から生じる病気である結核が日本で激減して、私の仕事がなくなっちゃった（笑）。しかたがないから、働いていた結核病院の閉鎖をきっかけに、クリスト・ロア宣教修道女会の本部があるカナダに、語学習得に行かせてもらったんです。それで向こうへ行ってみたら、ハイチという国の名前をやたらと聞くんですよ。貧しい国で独裁政権のひどい国だということで。そのハイチでは、死亡原因の1位が未だに結核だと知って、私は興味を持って、図書館でこの国のことを調べたんです」

ハイチ共和国。カリブ海に浮かぶイスパニョーラ島の西3分の1を占める国。コロンブスの上陸後、先住民族が絶滅させられ、西アフリカから黒人奴隷がこの土地に連行された。その後、フランス植民地時代の黒人反乱軍の蜂起などにより、1804年に世界初の黒人による共和制国家となる。だが以後も軍事独裁体制が続くなど政治が安定せず、クーデターがたびたび起きた。西半球で最も貧しい国であり、15歳以上の国民の識字率は60％程度。長年にわたる乱

ハイチで活動を始めてすぐの頃。レントゲンフィルムも陽の光で透かして見た。

日本政府の義援金でできた療養所の食堂。テーブルや椅子が持ち去られないように、コンクリート製で、床に打ち付けてある。

かつての療養所の炊事場。

伐で山がはげ山と化し、土地に保水力がなくなっているため、ハリケーンが通過するたびに洪水による大被害をこうむる。自然災害などによる自給率の低さと貧困とで、国民の約半数は慢性的な栄養失調の状態。結核をはじめとする病に冒されて死亡する人が多い——。

「〝ハイチで医療活動をさせてほしい〟そう申し出て、クリスト・ロア宣教修道女会の医師として現地に渡ったのが1976年、49歳のときでした。首都ポルトープランスから約30㎞の場所にレオガンという小都市があって、そこにある国立結核療養所へ赴任したのだけれど……。行ってすぐに〝選択を間違ったかな〟と思いましたね。そこは単に、結核患者を隔離するだけの場所でしかなくて。カルテはない、薬はない、水はない、電気はない。ベッドもなくて、患者さんたちは地面に敷いたむしろに横たわっている。だから〝私はいったいなんのために来たんだろう〟って思いました。だって、何もできないじゃない？　私もお金は一銭もないわけだし」

1年間、何もできなくて、自分の無力さに落胆しました

「あのときは途方に暮れました。自分が考えていたことが、何ひとつできないのだから。しかも、それから1年以上待たされたんです。臨時のボランティアならいいんですけど、向こうで正式な医療活動をするには、外国人もハイチの国の医師の免許証がないといけない。その免許証が下りるまでに1年かかった。じりじりと待つ日々、不安で不安で、もう辞めて帰ろうかとも思いました。だからなおさら、〝私はなんのためにここに来たんだろう〟って」

ところが、この1年の間に奇跡のようなことが起こっていたのである。

「ハイチへ行って1年が過ぎようとしていた12月初めのことです。ある日、見知らぬ人から『ここへ電話してください』と紙切れを渡されたの。そこにはカナダの、私の知らない人の電話番号がありました。わけがわからず国際電話をかけると、受話器の向こうにいる人が『僕たちの教会でお金を集めたから、それを持ってクリスマスにそちらへ行きます』って言った。実はハイチへ来る直前に、私はカナダでスピーチをしたんです。それを聞く群衆の中にこの人はい

て、それから1年がかりで寄付を集めていてくれたというんです」

間もなく彼らはやってきた。約束通りに、お金を持って。そして「あなたは今一番、何をしてほしいですか」と聞くので、須藤さんは何もない診療所を見せた。

「すると、その人たちは机やら戸棚やら必要なものを買い集めて、レンタカーを借りて自分たちで運び入れ、診察室を作ってくれました。それだけでなくカナダに戻ってからも、お薬だとか点滴セットだとか、中古のベッドまで集めてコンテナで運んでくれたんです。コンテナ代にかかった何千ドルというお金は、新たに寄付を集めてくれたらしいの。

だから結果として、医師の免許証が1年間下りなかったのが逆によかったんですよ。すぐに仕事ができていたら、なんにもない状態で何もできない自分に失望して、私はハイチから早々に逃げ出していたかもしれない」

診療所ができると、須藤さんはさっそく入院患者たちの治療を始めた。その様子について聞こうとすると、彼女はまるで宝物のように傍らに置いていたアルバムから、写真を何枚も何枚も取り出して見せた。そして「ほら、この子はね……」と一枚ずつ説明してくれる。

「この男の子、可愛いでしょ。これは元気になってからの写真だけれど。診療所に来たときは、お腹の中に回虫が20匹もいたんですよ」

「この人はねぇ、あんまり悪い患者さんなので、よその病院を強制退院させられて、最初は外来で私のところへ来たの。そのときに回ってきたカルテの名前の欄に〝マレディクション〟って書いてあったんです。それは〝呪われた者〟という意味なんですよ。私、びっくりして。『あなたのお父さんがつけた名前なの？』と聞いたら、『違う。僕はいい患者じゃないから、そういう名前がつけられた』って。それを聞いて私、腹が立ってね。そんなあだ名をつけるということに腹が立って。

『あなたはちゃんと、お父さんから名前をもらっているのよ。神さまは人間ひとりひとりをちゃんと〝愛したもの〟として、この世に生を与えたんですよ。だから私は今日からあなたに〝ベネディクション〟というあだ名をつけます』と言ったんです。〝ベネディクション〟は〝祝福〟の意味です。そうしてカルテの名前が〝マレディクション〟から〝ベネディクション〟になったら、そのことが彼をまったく変えちゃったの。以後、悪いことなんかまったくしなかったし。'96年から6年間、私はカナダの総本部に任命されてハイチをいったん離れたのですが、その送別会のミサのときに彼が手を挙げて『僕、話したいんです』って。『僕の名前を〝ベネディクション〟にして、神さまに愛されるものとしてくれた。ありがとう』って言ってくれた。ねっ、この写真の彼は優しい顔をしているでしょう？　人間というのは本来、悪い人なんていないんです」

貧しくてもハイチには、自殺者なんていない

それにしても、ハイチは政情が不安定な国だ。須藤さんが暮らすようになってからも、クーデターが何度も起きている。日本大使館から出国勧告が出されたことは？　と聞くと、

「そんなの、しょっちゅう出てますよ」

彼女は笑って言った。

「それで、びっくりしたことがあるのよね。'91年に大きな軍事クーデターがあ

ったときに、患者さんたち数人が私のところへやってきて『ハイチを去りますか？』と聞いたんです。『いいえ』と答えると、『よかった！　僕たちがシスターを守りますから！』と言って彼らは目を輝かせた。不思議に思って私は聞いたの。『どうやって守ってくれるの？』すると彼らはこう言うんです。『僕たちは兵隊に痰を吐きかけてやる。痰の中には菌がいっぱいいるから、怖がって逃げるよ』って。

これね、私がいつも口を酸っぱくして、言っていることなんです。痰の中には多くの結核菌がいて人に感染するのだから、あなたたちは戸外に痰を吐いてはいけませんよ、って。そう言っても、ちっとも聞いてくれなかったのに……実はちゃんと理解してくれていたんですね。いや、彼らもかわいそうなんです。『いけない』と言ったところで、ちり紙も、痰を吐くケースもないんですから。貧しくて買えない。病院にも用意する余裕がない。それでも、痰を吐くのはよくないということは、教えなければいけないのよね。それにしても痰を武器にしようだなんて、すごい発想ね。それで私を守ってくれようだなんて……。あのときはつくづく、幸せだな、と思いました」

ハイチは貧しくて、生きるのが大変な国。だけど「みんな、めげないですよ。すごく明るい」と須藤さんは言う。

「今の日本人みたいに、すぐにクシャッとならない。自殺者なんて、30年間で1回しか、私は聞いたことがないもの。明るくて、人のことを思いやれる。それがハイチの人たち。

一度はね、私がひとりで車を運転して、ポルトープランスへ買い物に行ったんです。ラジオを聞かずに出かけたら、兵隊が町の子供を殺したか何かで、途中の町で兵隊と民衆の間で大騒動が起きていた。町の人がみんな、石を持って殺気だって道路に立っていて、車は次々にUターンしている。どうしようかな、と私が思っていると、『シスターは行っていいよ』って町の人たちが通してくれた。それを見ていたご婦人が『あぁ、神さま、ありがとう！』って、私のために祝福してくれたの。町の見ず知らずのご婦人ですよ、貧しい人よ。私はすっかりうれしくなって、歌をうたいながら運転しましたよ。それで夜遅くに修道院に帰ったら、みんなが騒動を知っていて『あー、あなた、無事だった！』『よかった！』って騒がれたんですけども（笑）」

人間って助け合い、愛し合って生きていくんです

この約30年間、須藤さんがハイチでしてきたのは、フランス語とクレオール語を操って病気を治すことだけではなかった。病院の設備を一からととのえること。そのための資金集めに奔走すること。入院患者の食糧を確保すること。病気や衛生についての基礎を教えること。人の生と死を見ること。現地の人と同じ雨に打たれること……。そんな彼女が80歳で医師を引退してから、情熱を注いでいるのが、地元の若い人たちとの植林活動だ。

「ハイチの失業率は70%。仕事がないうえに、まともな教育を受けていなくて、職に就けない人がたくさんいる。そういう人たちが手っ取り早く生活費を得るために、山に行って勝手に木を伐って、炭にして売る。それで山がはげ山になってしまい、雨季やハリケーンのたびに洪水で大被害にあうんです。土地が疲弊して農作物が育たない。家だって、みんな掘っ立て小屋ですから、すぐにバラバラに壊れてしまう。そのために死者が出る。この繰り返しなんですよ。山の多い国なのに、森林率は13・5%ですよ。ほとんど木がない。だから

植林活動が何よりも大事なんです」

植林といっても、苗木を植えるだけではない。まず、乾季に山の土地を掘り、炭と土を入れる。炭には保水力があるので地盤が安定するからだ。その上で苗木を植える。

「これは日本のやり方です。どういう植林の仕方がいいのかと考えて、日本に帰ったときに『国際炭やき協力会』を知り、そこに行って勉強したんです。それをハイチに帰って、みんなに教えているわけ。炭には保水効果がありますが、山の木を伐って炭を作られては困るので、炭の代用品の作り方も教えてもらったんですよ。籾殻《もみがら》、ピーナッツの殻、トウモロコシの茎といった身近な廃棄物にデンプンなどを加え、苛性ソーダで圧縮すると炭に似たものができるのね。その方法もみんなに教えている。それから苗木を育てるときに肥料として使っているのは木酢《もくさく》です。これも100年来の日本のやり方。化学肥料は高くて買えないし、殺菌力もあって肥料にもなる木酢がいいと雑誌で読んで、日本に帰ったときに調べたんですよ」

3年に一度の里帰りのときに、そういうことを全部ひとりでなさっているの

木酢や炭づくりのための小屋には、〝自然のための
クリニック〟を意味する看板をかけている。

ですか？

「そうなの。日本にはエコロジカルな農業技術がいろいろあるので、自分で専門家を訪ねて、ノウハウをしっかり学んで、ハイチに持ち帰るんです。だから80歳を過ぎても、やることが次々にあって忙しい（笑）。でもそういうことをするのは面白いですよ。数年前には、ハイチの植林グループの中から見込みのある青年を日本に連れてきて、3ヵ月間一緒に勉強したの。今、彼はグループの中心になって働いています。若い人たちや子供たちに、こうした植林や農業の技術を伝えていきたいのね。それが災害を防ぎ、自給率を上げて、みんなが豊かになる礎ですから。

ほら、この写真に写っているのが、私たちが最初に植えた竹の林。竹は生長が早くて5年も経てば、こんなに立派な木になるんです。この間の地震のとき、この竹林にみんなが逃げたって聞きました。去年建てた2階建ての新病棟は地震で1階部分がつぶれてしまったけれど、その点、樹木は強いわよね」

けれどそうして、病気を治したり、新しい病棟を建てたりして一歩ずつ前進しても、地震が来れば一瞬にして多くのものが壊れ、また振り出しに戻ってしまう。神さまを恨んだりは……と思わず聞きかけると、須藤さんは「してないですよ」、即答だった。

「日本の新聞で読んだのだけれど、ハイチの地震で教会がつぶれて、一週間後に助け出された女性がいるんです。そのときに歌をうたっていたんですって。賛美歌を。諦めないで、助けられると信じて、祈りながら待っていたんですね。だから、建物を作るとか、人のために尽くすとか、そういうことではないんです。ただ、そこにいること。それだけでいい。そこにいて、みんなと一緒に笑い、泣き、怒り、諦めないで待つ――。人間って、お互いに助け合って、お互いが尊敬し合って、愛し合って生きていくんですよね。結局のところ、私にできるのもそれしかないんです」

　この記事が読者の目にとまる頃、須藤さんはハイチに戻り、彼女の帰りを待っていた人たちと暮らしているはずだ。一緒にがれきを片づけながら、あるいはピーナッツの殻を炭にしながら、歌をうたっているに違いない。

（2010年3月15日　西東京市「クリスト・ロア修道会管区」にて取材）

愛は長さではなく、深さなんです

渡辺和子　ノートルダム清心学園理事長

黒いベールから、豊かな銀色の髪がのぞいている。化粧けがなくても美しい女《ひと》。春の日ざしのようなやわらかな気配を漂わせている。

最初はNOという返事だったところを、粘った末のインタビューとなった。しつこくすみませんでした、と非礼を詫びると、

「ほんとうよ」

そう言って、渡辺和子さんはチャーミングなまなざしで笑った。

希有な人生を歩んできた人だ。二・二六事件で凄惨な最期を遂げた、教育総

渡辺和子さん　Kazuko Watanabe

1927年、教育総監・渡辺錠太郎の次女として北海道旭川市に生まれる。聖心女子大学、上智大学大学院修了。'56年、ノートルダム修道会に入り、アメリカに派遣されて、ボストン・カレッジ大学院に学ぶ。帰国後、ノートルダム清心女子大学教授を経て、学長に就任。現在、ノートルダム清心学園理事長。日本カトリック学校連合会理事長も務めた（1992〜2001）。『愛をこめて生きる』『マザー・テレサ　愛と祈りのことば（翻訳）』（すべてPHP研究所）など著書多数。『置かれた場所で咲きなさい』『面倒だから、しよう』（幻冬舎）が大ベストセラーに。

監の渡辺錠太郎陸軍大将の娘。当時9歳だった彼女は、父の死に際のただひとりの目撃者だった。29歳で修道会に入り、36歳という異例の若さで岡山のノートルダム清心女子大学学長に就任。

「わたくしがクリスチャンになったのは、何も父が目の前で無惨な死に方をしたからではないんです。18歳で洗礼を受けたのは、自分のことが嫌いだったからなの。傲慢で、高慢ちきで、勝ち気で。今でも自分は傲慢だと思うときが、たくさんありますけどね」

まさか、と耳を疑うような言葉である。

「あなたはそれでもクリスチャン?」って母が

「あら、本当ですよ。傲慢というのはつまり、謙虚でないっていう意味ですよね。『傲慢は劣等感の裏返しだ』とおっしゃった方がありますが、その言葉が私にはとても響く。

わたくしを身ごもったとき母は44歳で、すでに3人の子もありましたし、産むことをためらったらしいんです。それを『産んでおけ』と言ったのは父で。太宰治の言葉のように『生まれてきて、すみません』という気持ちだった私は、東大に通う兄や、お茶の水に通う姉たちから『おまえなんかダメだ』という言葉を聞いて育った。そのコンプレックスの裏返しとして、良い成績をとって一番にならなければいけない、負けたら悔しい、と考える傲慢さがありました。自分は人よりも高い立場にいなければ、産みたくもない人が産んでくれたのにすまない、って」

だから渡辺さんは勉強に勤《いそ》しんだ。雙葉《ふたば》高等女学校（現・雙葉学園高校）、聖心女子大学ともに答辞を読んで卒業している。だが、〝かくあらねばならぬ〟と自分を厳しく律することは、同時に少女の心を窮屈にしていたのだろう。

「お友達に『和子さんは鬼みたい』って言われたんですよ。それほど、学生時代は顔も性格もきつかったと思う。母に対しても冷たかった。そんな自分がとても嫌で、それで18歳で洗礼を受けたんです。ところが洗礼を受けても何も変わらなかった（笑）。だから母によく叱られました。『私の反対を押し切ってキリスト教徒になったのに、あなたは前とおんなじに高慢ちきで冷たくて、すぐにふくれて拗《す》ねて、口もきかなくなっちゃう。あなたはそれでもクリスチャン？』って」

そんな母が「これからは英語が必要だから、勉強をし直したら？」というアドバイスを渡辺さんにくれたのは、時代の変化を敏感にかぎ取ったからだった。渡辺さんは、当時は専門学校だった聖心の国文科を１９４７年に卒業後、英文科に入り直した。そして翌年に、新制大学として認定された聖心女子大学の一期生に転じたのである。

「そこでまたわたくしの傲慢というか勝ち気というか、が現れて。新制大学にはは緒方貞子さんをはじめ、帰国子女が非常に多く入ってきたんです。英語ぺらぺらの方たちの中で、わたくしが最初の学生自治会の会長に選ばれました。副会長は緒方さんでいらしたんですけれど、どうしても私のほうが位負けするわけですよね、言葉の面で。それで悔しくて、上智大学の国際学部というところでアルバイトをして英語を身につけたんです」

見えない糸で、準備がされていたんです

渡辺さんがそのアルバイトに就くまでの経緯が面白い。聖心に講演に来たアメリカ人神父の出迎えや見送りを、自治会長の彼女が担当したことがあった。それでふと〝あの方にお願いしたら、英語が上手になるお仕事を見つけていただけるかもしれない〟と思い、一縷《いちる》の望みをかけて神父が教えていた上智大学へ出かけていった。家が経済的に困っているので仕事をしたいと申し出ると、「あなたはタイプが打てるか」と神父は聞いた。

「その頃ちょうど、家にあったピアノを売ったお金で小さなタイプライターを買って、ぽつんぽつんと打っていたんです。だから『YES』と申し上げて。そのうちに、わたくしの家庭を調査なすったらしく、どちらかと言えばきちっとした家の娘だということがおわかりになったんですね。それで神父様が『仕事をぜひ続けてほしい』と言ってくださって、大学の3年、4年の間はずっとアルバイトをしておりました。緒方さんが英語で答辞をお読みになり、わたくしが日本語で答辞を読んで聖心を卒業したとき、神父様はとってもお喜びにな

ったんです。苦学をしながらそれだけの勉強をして卒業した、ということで。それで卒業後もそのまま上智で働かせていただくことになりました」

上智大学の国際学部はそのアメリカ人神父が開設したもので、戦後、日本にいたアメリカの軍人やその家族が夜の時間を有意義に使えるように、という目的のために設けられた夜学だった。上智で取得した単位をアメリカに帰ってからも有効とするシステムを採り入れたため、学部は大成功。その収益が、上智大学の発展の一部となったという話もある。渡辺さんはこの国際学部の実務をこなしていた。

「神父様はビジネスマンでした。その方の下で、私は教務部長と財務部長を務めたんです。この経験が、36歳でノートルダム清心女子大学の学長になったときに役に立っているの。だから本当に神様はね、見えない糸で、いろいろな準備をしてくださっている」

渡辺さんは29歳まで上智大学国際学部のオフィスに勤めた。当時の上智は男子校だったし、アメリカ人相手のオフィスでの仕事である。おしゃれで美しく教養のある彼女を、男たちが放っておくはずがない。

「お付き合いした方もいましたし、『結婚してほしい』と言われたこともありました。私も、自分は普通に結婚するつもりでいたと思います。ただ、男の方とお付き合いしていて、なんとなく、物足りないんですね……。それにやっぱり、雙葉や聖心のシスターたちのお姿、上智の神父様たちのお姿に憧れておりました。

非常に献身的なんですよね、マザー・テレサではないですけれど、家族を持たず、自分のお金は持たず、名誉も追わず。ひたすら教育に打ち込んでいらっしゃる。いつの間にかわたくしも、〝ああ、結婚してひとりの男性や我が子に縛られるよりも、全部投げ出して、教育というお仕事に当たるために修道院に入りたい〟と思うようになって。仕事に夢中で気がついたら29歳になっておりましたが、当時は修道院に入れる年齢制限が30歳だったんですよ。それで慌てて、上智の神父様のお口添えもいただき、ノートルダムの東京の修道院に入ることができたのです」

幸せになるためには工夫がいります

その翌年に渡辺さんは「学位を取るように」と修道会から言われて、アメリカへ留学。ボストン・カレッジ大学院で哲学を修めている。帰国後はすぐに岡山のノートルダム清心女子大学に派遣され、当時の学長だったアメリカ人のシスターが1年後に急逝したために、36歳の若さで学長就任となった。

「以来、現在までずっと、若い人たちと触れ合うお仕事をさせていただいております。でも、こうして大学に来れば私は理事長としていられますけれど、いったん修道院に戻ったら、わたくしは一修道女なんです。ですから食事当番もすれば、玄関番もします。むしろ外で高い地位にいればいるほど、うちでは細かい仕事を率先してやります」

どうしてこの私が？　と思われませんか。

「ときどき思うの、わたくしも。『若いシスターがいるのに、なぜ一番年上の私がにんじんの皮をむかなきゃいけないんだろう』って。でもね、そういうときは『これは母の冥福のためにしよう』と思う。『これはあの自殺未遂を何度も企てた卒業生のために、わたくしは笑顔でしょう』と思うんです。そうすると腹も立たないし、仕事に意味ができるんですよね。雑用がなくなる。生きていくうえで、これはとっても役立つ方法ですよ。それに、自分が幸せになるみたい」

聖書を読むとそうした気持ちになれますか。

「聖書を読んでも、なれるものじゃありません。聖書に書いてあることを、自分の生活の中で実践できているかどうか。たとえば『平和を実現する人は幸いだ』というイエス様の御言葉がありますけれど、では私は平和を本当に作っているかどうか。修道院の中で腹が立つことがあっても、じっと我慢しているか。私に腹を立てさせた人に微笑みかけているか」

難しい——。

「難しい、ですよ。一生たたかい。今でも失敗することがあります。私は口答えをしようと思えば、今でも結構できる人間なんです。わりに意地が悪いから。私ほんと、意地が悪いの。鬼みたいなのよ、和子さんは（笑）。そんな人間がここまでになったんですよ、意志の力で。ひどいことを言った相手に口答えしていたら相手に引きずられたことになる。それよりも、自分が理想とする私でいよう、と思います。平和を愛する私でいよう、と。だから意志の力を使うんです。自分が幸せになるためには工夫がいりますね」

たとえ苦しみを背負ったとしても、人は自分の力で幸せになることができる——渡辺さんはそう言うのだ。彼女自身の抱えた大きな苦しみは、父を亡くした事件のことは、今現在、どのようにとらえているのだろうか。

「ひとつには、いいときに死んでくれたと思っています。というのは、やがて戦争が始まれば、必ず相当な地位になって、たぶんA級戦犯で絞首刑だったでしょう。父はどちらかというと戦争に反対の考えで、そのせいで二・二六事件で皇道派の人たちに殺されたんです。自分からは発砲せず、でも軍人らしくピストルを握って死にました。それがむしろよかったと思う。

確かに無惨でしたよ。早朝で、幼かった私と父と母が川の字で寝ていたのですが、うちに押しかけた兵隊を抑えるために、母はいち早く寝室から出たので、その場にはおりませんでした。私だけがそのとき父と一緒だったんです。父は機関銃で43発撃たれましたから、血みどろで、片足は骨だけが残って肉は全部飛んでいました。でも、そんなふうに父が崩れていく過程を見たのは、私だけなんですね。それは父が『産んでおけ』と言って、私が産んでもらった理由だったかもしれない。自分がひとりでさみしく死なないで、誰かに看取ってもらうための……。だから私はとっても好きだった父の最期を、母でも兄でも姉でもなく私が看取ったっていう、その喜びがある。お母様でさえできなかった、っていう、そういう気持ちがね、わたくしにはあるんです。ごめんなさいね、こんな話をして」

お父様に本当に愛されたのですね。

「ええ。9年間で一生分の愛を、私は父からもらったと思います。その想いがたぶん、私が今、学生たちに愛を語るときの、どこかにあるんだと思う。愛は長さじゃない、深さだということ。身に沁みているから話すんです」

（2008年1月11日　岡山「ノートルダム清心学園」にて取材）

写真：森川　昇（もりかわ・のぼる）──1957年、石川県金沢市生まれ。1980年代、ファッションモデルが欧米中心だった時代に、日本人モデルを起用したことで注目を浴び、「VOGUE」など海外雑誌でポートレイト写真家としてスタートする。1999年、青山スパイラルホールにて「"MUSUME"女優50人の素顔のポートレイト展」を開催、世界的に評価を受ける。現在、東京を中心に、広告、雑誌など幅広く活動中。

本書は、2009年4月に小社より刊行された単行本『ニッポン・ビューティ　本物の女たちの　美しい生き方』を、文庫化にあたり改題、大橋鎭子さん、宇梶静江さん、みな子さん、相磯まつ江さん、関民さん、岩立広子さん、佐伯輝子さん、須藤昭子さん分を追加掲載、加筆、再編集したものです。

白江亜古－1961年、埼玉県生まれ。ライター。雑誌、書籍、新聞などで活動。人物インタビューのほか、『使いきる。』『毎日すること。ときどきすること。』（ともに有元葉子／講談社）、『スタイルを持ち、身軽に暮らす』（石原左知子／SBクリエイティブ）などのエッセイの構成、『土井家の「一生もん」２品献立』（土井善晴／講談社）、『「ラ・ベットラ」落合務のパーフェクトレシピ』（落合務／講談社）、『ラクラク冷凍レシピ　使えるものだけ！　おいしいものだけ！』（大庭英子／講談社）などの料理本の構成、執筆も手掛ける。

講談社＋α文庫　日本女性《にっぽんじょせい》の底力《そこぢから》

白江亜古《しらえあこ》　

2016年９月20日第１刷発行

発行者――――鈴木 哲
発行所――――株式会社 講談社
東京都文京区音羽2-12-21 〒112-8001
電話 編集(03)5395-3522
販売(03)5395-4415
業務(03)5395-3615
デザイン――――鈴木成一デザイン室
本文デザイン――岩間良平（trimdesign）
カバー印刷――凸版印刷株式会社
印刷――――大日本印刷株式会社
製本――――株式会社国宝社

落丁本·乱丁本は購入書店名を明記のうえ、小社業務あてにお送りください。
送料は小社負担にてお取り替えします。
なお、この本の内容についてのお問い合わせは
第一事業局企画部「＋α文庫」あてにお願いいたします。
Printed in Japan ISBN978-4-06-281688-5
定価はカバーに表示してあります。